Impressum
Verlag: BABADADA GmbH, Nedderfeld 112 , 22529 Hamburg
Geschäftsführer / Verlagsleitung: Harald Hof
Druck: Books on Demand GmbH, In de Tarpen 42, 22848 Norderstedt

Imprint
Publisher: BABADADA GmbH, Nedderfeld 112 , 22529 Hamburg, Germany
Managing Director / Publishing direction: Harald Hof
Print: Books on Demand GmbH, In de Tarpen 42, 22848 Norderstedt, Germany

ማካፈል — ቻኮ

186/2

ሰሌዳ — ኩዳ፣

መማሪያ ክፍል — ህኔዓህ፟ን

የትምህርት ቤት ቅጥር ግቢ — ዌፁላሳላሪ፟ን

መምህር — ፁዥቦዼ፟ን

ወረቀት — ኩ፟ኔስ

እስክሪብቶ — ቢክ

መገፊያ ጠረጴዛ — ፁከዸኔዖዕይ

ማስመሪያ — ህኔፃት

መፃፍ — ሳሰዞ

መጽሐፍ — ሳዘ፟ክዾ፣ኞ

ተማሪ — ኩዾልሰዹስ

ተማሪ — ኩዾልሰዹስ

የጀርባ ቦርሳ
ሳሙዸ፟ትሱህዀ

የእርሳስ መያዣ
ህዾዼዕጀዀ፟ፆ፦ዾፆ

እርሳስ
ዾፆ፦ዾፆ

የእርሳስ መቅረጫ
ህዾዸዀ፦ዾፆ፦ዾፆ

ላጲስ
ዄዖዺዀ

የስዕል ደብተር
ፁዄዏፚ፟ዀፂ

ስዕል
᠁᠁᠁᠁᠁
គំនូរ

የቀለም ብሩሽ
᠁᠁᠁᠁᠁
ជក់គូរ

የቀለም ሳጥን
᠁᠁᠁᠁᠁
ឧបករណ៍ផ្សំលាប

መቀስ
᠁᠁᠁᠁᠁
កន្ត្រៃ

ማጣበቂያ
᠁᠁᠁᠁᠁
ការបិទ

መልመጃ ደብተር
᠁᠁᠁᠁᠁
សៀវភៅពេលហាត់

የቤት ስራ
᠁᠁᠁᠁᠁
កិច្ចការផ្ទះ៖

ቁጥር
᠁᠁᠁᠁᠁
លេខ

መደመር
᠁᠁᠁᠁᠁
បូក

መቀነስ
᠁᠁᠁᠁᠁
ដក

ማባዛት
᠁᠁᠁᠁᠁
គុណ

ቁጥሮችን ማስላት
᠁᠁᠁᠁᠁
គណនា

ደብዳቤ
᠁᠁᠁᠁᠁
សំខិត

ፊደላት
᠁᠁᠁᠁᠁
អក្ខរក្រម

ቃል
᠁᠁᠁᠁᠁
ពាក្យ

ዕሑፍ
អត្ថបទ

ማንበብ
អាន

ጠመኔ
ដីស

ትምህርት
មេរៀន

ምዝገባ
ចុះឈ្មោះ

ፈተና
ការប្រលង

ሰርተፊኬት
វិញ្ញាបនបត្រ

የትምህርት ቤት የደንብ ልብስ
ឯកសណ្ឋានសាលា

ትምህርት
ការអប់រំ

አዉደ ጥበብ
សព្វវចនាធិប្បាយ

ዩኒቨርስቲ
សាកលវិទ្យាល័យ

የምርምር አጉሊ መሳርያ
មីក្រូទស្សន៍

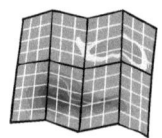

ካርታ
ផែនទី

የቆሻሻ ወረቀት መጣያ ቅርጫት
កន្ត្រកដាក់សំរាមក្រដាស

ሆቴል
សណ្ឋាគារ

Grand

ማረፊያ ቤት
សណ្ឋាគារក្រុមឯង

የውጭ ገንዘብ ምንዛሪ ቢሮ
ការិយាល័យបូរប្រាក់

EXCHANGE

ልብስ መያዣ
ឃ្លាំង
វ៉ាលី

መኪና
រថយន្ត

ቋንቋ
ភាសា

አዎ/ አይደለም
ហាទ / ទេ

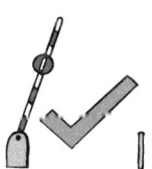

እሺ
យល់ព្រម

ሰላም
សាយុនតសួស្ដី!

አስተርጓሚ
អ្នកបកប្រែ

አመሰግናለሁ
សូមអរគុណ

ስንት ነዉ.......?

ថ្លៃប៉ុន្មាន... ?

አልገባኝም

ខ្ញុំមិនយល់

እክል

បញ្ហា

እንደምን አመሸ!

ទិវាសួស្តី!

እንደምን አደሩ!

អរុណសួស្តី

መልካም ምሽት!

រាត្រីសួស្ដី!

ደህና ይሰንብቱ

លាហើយ

አቅጣጫ

ទិសដៅ

ሻንጣ

អីវ៉ាន់

ቦርሳ

កាបូប

የጀርባ ቦርሳ

កាបូបស្ពាយក្រោយ

እንግዳ

ភ្ញៀវ

ክፍል

បន្ទប់

የመተኛ ቦርሳ

ថង់ដេក

ድንኳን

តង់

የጎብኚዎች መረጃ
ព័ត៌មានទេសចរណ៍

የባህር ዳርቻ
ឆ្នេរ

ክሬዲት ካርድ
កាតឥណទាន

ቁርስ
អាហារពេលព្រឹក

ምሳ
អាហារថ្ងៃត្រង់

እራት
អាហារពេលល្ងាច

ቲኬት
សំបុត្រ

አሳንስር
ជណ្ដើរយន្ត

ማህተም
តម្រ

ድንበር
ព្រំដែន

ባህሎች
គយ

ኤምባሲ
ស្ថានទូត

ቪዛ/የይለፍ ወረቀት
ទិដ្ឋាការ

ፓስፖርት
លិខិតឆ្លងដែន

መጓጓዣ
ការដឹកជញ្ជូន

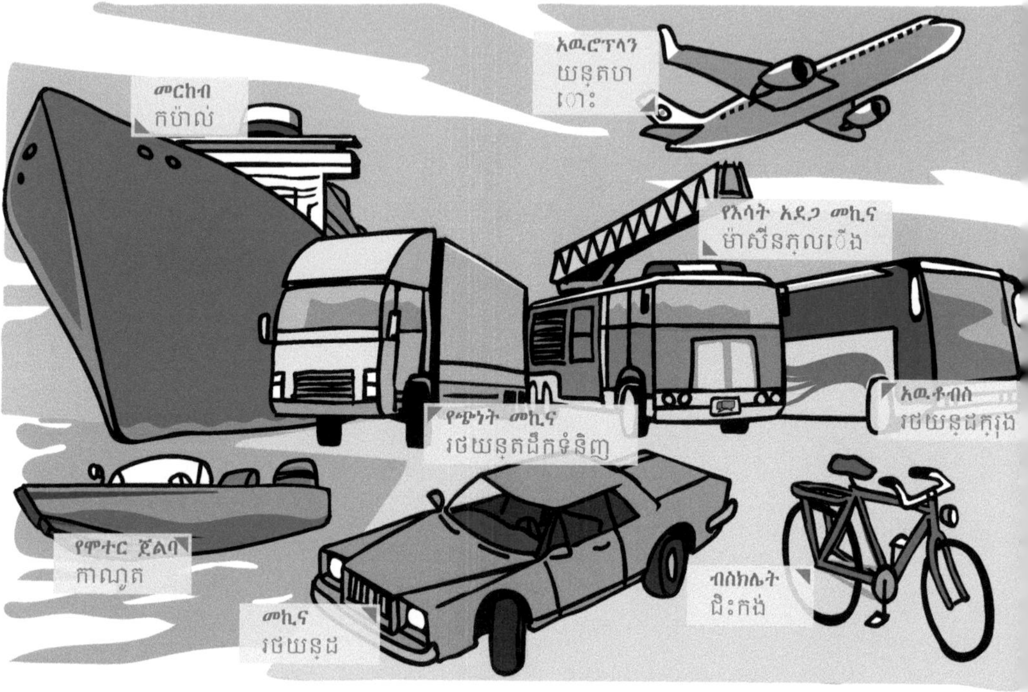

አዉሮፕላን
យន្តហោះ
መርከብ
កប៉ាល់
የእሳት አደጋ መኪና
ម៉ាស៊ីនភ្លើង
የጭነት መኪና
រថយន្តដឹកទំនិញ
አዉቶብስ
រថយន្តក្រុង
የሞተር ጀልባ
កាណូត
ብስክሌት
ជិះកង់
መኪና
រថយន្ត

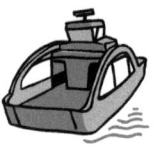

የማመላለሻ ጀልባ

សាឡាង

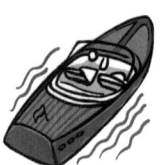

ጀልባ

ទូក

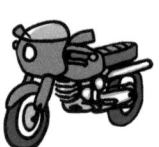

የሞተር ብስክሌት

ម៉ូតូ

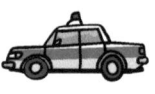

የፖሊስ መኪና

រថយន្តប៉ូលិស

የዉድድር መኪና

រថយន្តប្រណាំង

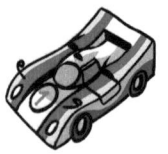

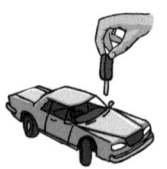

የኪራይ መኪና

រថយន្តជួល

የመኪና መጋራት
ការចែកៃលៃកៃរៃថយន្ត

ጎታች መኪና
ឡានស្ទូច

የቆሻሻ ጭነት መኪና
ឡានបុរមួលសំរាម

ሞተር
ម៉ូត៉ូ

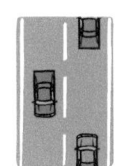

ነዳጅ
ប្រេងឥន្ធន:

የቤንዚን ማደያ
ស្ថានីយបុរេង

የመንገድ ምልከት
សុលាកសញ្ញាចរាចរណ៍

የመኪኖች እንቅስቃሴ
ការធ្វើៃចរាចរណ៍

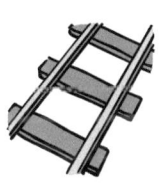

የመኪና መጨናነቅ
កកស្ទ:ចរាចរណ៍

የመኪና ማቆሚያ
ចំណត

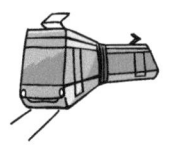

የባቡር ጣቢያ
ស្ថានីយៃថភ្លៃង

የባቡር ሀዲዶች
ផ្លូវៃដៃក

ባቡር
ៃថភ្លៃង

የኤሌክትሪክ ባቡር
ៃថអគ្គីសនី

ሰረገላ
ទូរៃថភ្លៃង

መጓጓዣ - ការៃដ៏កជញ្ជូន

9

ሄሊኮፕተር
ឧទ្ធម្ភាគចក្រ

አየር ማረፊያ
ព្រលានយន្តហោះ

ማማ
ប៉ម

መንገደኛ
អ្នកដំណើរ

ማስቀመጫ፤ ማጠራቀሚያ
កុងតឺន័រ

ካርቶን እቃ ማሸጊያ
កេដៅសកាតុង

ጋሪ፤ ተሳቢ
រទេះ

ቅርጫት
កញ្ចប់

መነሳት/ ማረፍ
ហោះឡើង/ ចុះ

መንደር
ភូមិ

የከተማ ማዕከል
កណ្តាលទីក្រុង

ቤት
ផ្ទះ

ሲኒማ / រោងភាពយន្ត

ማስታወቂያ / ការផ្សព្វផ្សាយ

የመንገድ ዳር መብራት / ចង្កៀងតាមដងផ្លូវ

መንገድ / ផ្លូវ

ታክሲ / តាក់ស៊ី

የቁርስ መቆያ ሱቅ / ហាងអាហារសម្រន់

እግረኛ / អ្នកថ្មើរជើង

ድንጋይ የተነጠፈበት የእግረኛ መንገድ / ចិញ្ចើមផ្លូវ

የእግረኛ መሻገሪያ / គំនូសថ្នល់ឆ្លងកាត់

የትራፊክ መብራቶች / ភ្លើងសញ្ញាចរាចរណ៍

የፍሳሽ ማጠራቀሚያ ቱቦ / ផ្លូង

ማቋረጫ / ផ្លូងកាត់

ጎጆ
....
ខ្ទម

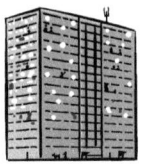

አፓርታማ
....
ផ្ទះល្វែង

የባቡር ጣቢያ
....
ស្ថានីយរថភ្លើង

የከተማ አዳራሽ
....
សាលាក្រុង

ቤት መዘክር
....
សារមន្ទីរ

ትምህርት ቤት
....
សាលារៀន

ዩኒቨርሲቲ

 សាកលវិទ្យាល័យ

ባንክ

ធនាគារ

ሆስፒታል

មន្ទីរពេទ្យ

ሆቴል

សណ្ឋាគារ

መድሓኒት ቤት

ឱសថស្ថាន

ቢሮ

ការិយាល័យ

መዕሐፍ መሸጫ

ហាងលក់សៀវភៅ

ሱቅ

ហាង

የአበባ መሸጫ

ហាងផ្កា

የሸቀጣ ሸቀጥ መደብር

ផ្សារទំនើប

ገበያ ስቶራ

ទីផ្សារ

መደብር

ហាងទំនិញ

የዓሳ ነጋዴ

ហាងលក់ត្រី

የገበያ ማዕከል

មជ្ឈមណ្ឌលផ្សារទំនើ
ប

ወደብ

កំពង់ផែ

መናፈሻ ቦታ
ឧទ្យាន

አግዳሚ ወንበር
បង្គ

ድልድይ
ស្ពាន

ደረጃዎች
ជណ្តើរ

ዉስጥ ለዉስጥ
ផ្លូវក្រោមដី

ዋሻ
ផ្លូវរូងក្រោមដី

የአዉቶቡስ ፌርማታ
ចំណតរថយន្តក្រុង

ባር
ហារ

ምግብ ቤት
ភោជនីយដ្ឋាន

የፖስታ ሳጥን
ប្រអប់សំបុត្រ

የመንገድ ምልክት
សញ្ញាតាមដងផ្លូវ

የመኪና ማቆሚያ ሒሳብ የሚያሰላ ማሽን
ឧបករណ៍ប្រមូលថ្លៃចំណត

የደር እንስሳት ማቆያ
សួនសត្វ

የመዋኛ ገንዳ
អាងហែលទឹក

መስጊድ
វិហារអ៊ីស្លាម

እርሻ
ቃសិដ្ឋหาน

የሚበከል ነገር
ការបំពុល

መቃብር ስፍራ
ភ្លកប់ខ្ម醒ⴹ

ቤተ ክርስቲያን
ព្រះविหារ

መጫወቻ ሜዳ
គ្រឿងអ្វិលกุมเแลง

ቤተ መቅደስ
 បុរសាទ

መልከዓምድር
ទេសភาព

ቅጠል
ស្លึក

የመንገድ ላይ ምልክት
សញ្ញាцุหบ่ទីសដៅ

መንገድ
ផ្លូវ

አረንጓዴ መስክ
វាលស្មៅ

ድንጋይ
ដ៏ថ្ម

ዛፍ
ដើមឈើ

በእግሩ የሚጓዝ
អ្នកឲ្យ៉ើ៎ងกุ๎

ወንዝ
ទន្លេ

ሳር
ស្មៅ

አበባ
ផ្កា

ሸለቆ
ជ្រលងភ្នំ

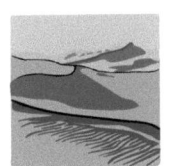

ኮረብታ
កូនភ្នំ

ሀይቅ
បឹង

ጫካ
ព្រៃឈើ

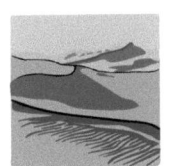

በረሃ
វាលខ្សាច់

እሳተ ገሞራ
ភ្នំភ្លើង

ግምብ
គគេកុរប៊

ቀስተ ዳመና
ឥន្ធនូ

እንጉዳይ
ផ្សិត

የቴምብር ዛፍ/ ዘንባባ
ដើមត្នោត

ቢንቢ/ የወባ ትንኝ
មូស

በራሪ
រុយ

ጉንዳን
ស្រមោច

ንብ
សត្វឃ្មុំ

ሸረሪት
ពីងពាង

ጢንዚዛ
សត្វកេញ្ចៅ

እንቁራሪት
កង្កែប

ሽኮኮ
កំប្រុក

ጃርት
សត្វកាំប៉ុរមា

ጥንቸል
ទន្សាយស្លឹក

ጉጉት ወፍ
សត្វទីទុយ

ወፍ
បក្សី

የዉሃ ዳክዬ
ហង្ស

ከርከር
ជ្រូក

አጋዘን
សត្វក្តាន់

አጋዘን
សត្វក្ដាន់

ግድብ
ទំនប់

በነፋስ የሚሽከረከር
កង្ហារខ្យល់

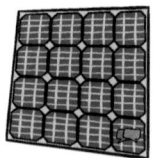

የፀሀይ ፓኔሎ
បន្ទះស្វ្យា

አየር ንብረት
អាកាសធាតុ

አስተናጋጅ
អ្នករត់តុ

ማውጫ
ម៉ឺនុយ

ወንበር
កៅអី

ሾርባ
ស៊ុប

ፒሳ
ភីហ្សា

መክተፊያ
កាំបិត

የተረጴዛ ጨርቅ
កម្រលតុ

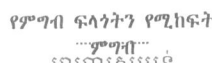

የምግብ ፍላጎትን የሚከፍት
...ምግብ...
អាហារសម្រន់

ዋና ምግብ
អាហារសំខាន់

ማጣጣሚያ ተከታይ ምግብ
បង្អែម

መጠጦች
ភេសជ្ជៈ

ምግብ
អាហារ

ጠርሙስ
ដប

ፈጣን ምግብ
អាហារររហ័ស

የመንገድ ምግብ
អាហារតាមផ្លូវ

የሻይ ማንቆርቆሪያ
ប៉ាន់តែ

የስኳር እቃ
ប្រអប់ស្ករ

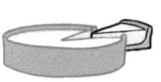

ድርሻ
ចំណែក

የቡና ማፍያ ማሽን
ម៉ាស៊ីនកុងកាហ្វេអ៊ិចស្ប្រេស
ស្ស

ባለጌ ወንበር
កៅអីខ្ពស់

የክፍያ ደረሰኝ
វិក្កយបត្រ

ትሪ
ថាស

ቢላዋ
កាំបិត

ሹካ
សម

ማንኪያ
ស្លាបព្រា

የሻይ ማንኪያ
ស្លាបព្រាកាហ្វេ

ልብስ ምግብ እንዳይነካ የሚረዳ
ក្រណាត់
កន្សែងជូតខ្លួន

ብርጭቆ
កែវ

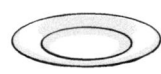

ዝርግ ሰሀን
ចានទាប

የሾርባ ጎድጓዳ ሰሀን
ចានស៊ុប

የስኒ ማስቀመጫ
ចានទុយនាប

ማጣፈጫ ስጎ
ទឹកជ្រលក់

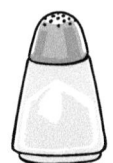

የጨው እቃ
ដបអំបិល

የተፈጨ ቃሪያ
ប្រដាប់កិនម្រេច

ኮምጣጤ
ទឹកខ្មេះ

የምግብ ዘይት
ប្រេង

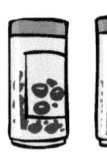

ቀመማ ቅመሞች
គរឿងទេស

የቲማቲም ድልህ
ទឹកប៉េងប៉ោះ

ሰናፍጭ
ម៉ូតាក

ማዮኔዝ
ទឹកមយ៉ូណេ

ሉካንዳ ነጋዴ
ហាងកាប់ជ្រូក

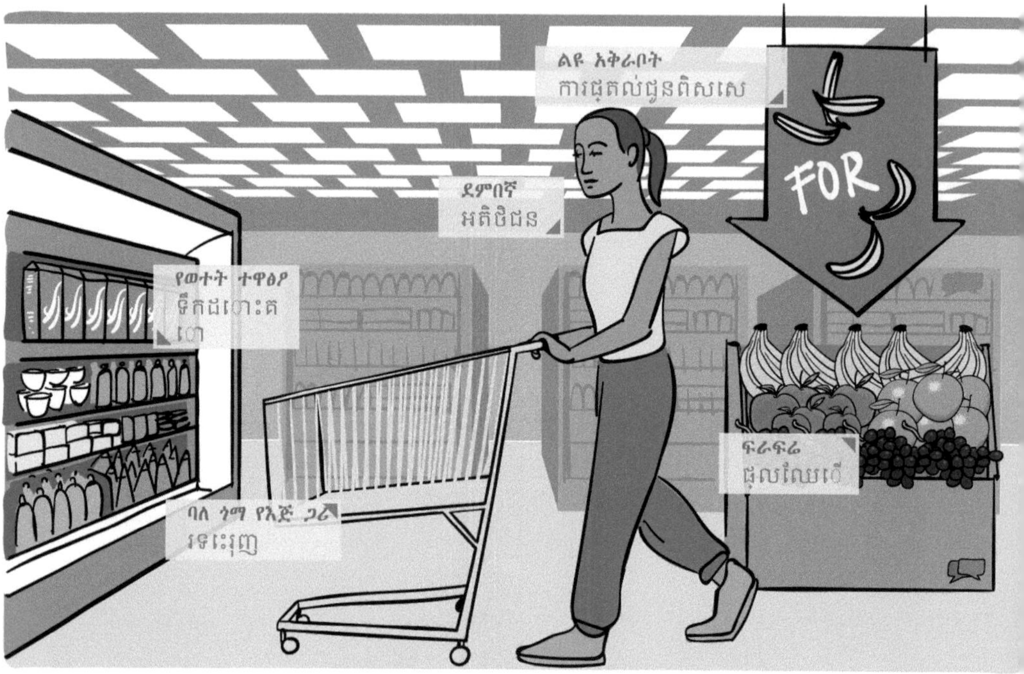

መጋገሪያ
ហាងដុតនំ

ክብደት መመዘኛ
ថ្លឹង

ቅጠላ ቅጠል አትክልት
បន្លែ

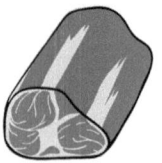

ስጋ
សាច់

የቀዘቀዘ/የረጋ ምግብ
អាហារកក្ខសារ

ቀዝቃዛ ቁራጭ
សាច់ក្រឈស

የታሸገ ምግብ
អាហារកំប៉ុង

ጣፋጮች
ស្ករគ្រាប់

የቤት ዕቃ ጽዳት ዕቃዎች
ផលិតផលកុនងតូ្រូសារ

የማጠቢያ ዱቄት
មុសៅលាង

የሽያጭ ባለሙያ
អ្នកលក់

የገንዘብ መመዝገቢያ ማሽን
ថតដាក់លុយ

የዕዳት ምርቶች
ផលិតផលសមុអាត

የግዢ ዝርዝር
បញ្ជីទិញទំនិញ

ክፍት ሰዓታት
ម៉ោងធ្វើការ

የሒሳብ ሰራተኛ
បេ្ជា

ክሬዲት ካርድ
កាតឥណទាន

ቦርሳ
ថង់

የኪስ ቦርሳ
កាប្បលុយបុរស

የፕላስቲክ ቦርሳ
ថង់ប្លាស្ទិច

ውሃ
ទឹក

ጭማቂ
ទឹកផ្លែឈើ

ወተት
ទឹកដោះគោ

ኮካ-ኮላ
កូកាកូឡា

ወይን
ស្រា

ቢራ
ស្រាបៀរ

አልኮል
គ្រឿងស្រវឹង

ኮካ
កាកាវ

ሻይ
តែ

ቡና
កាហ្វេ

የተፈላ ቡና
កាហ្វេអ៊ិចស្ព្រេស្សូ

ካፑቺኖ
កាហ្វេកាពុឈីណូ

ሙዝ

ចេក

ፖም

ផ្លែប៉ោម

ብርቱካን

ផ្លែក្រូច

ህብሀብ

ឪឡឹក

ሎሚ

ក្រូចឆ្មា

ካሮት

ការ៉ុត

ነጭ ሽንኩርት

ខ្ទឹម

ሽምበቆ

ឫស្សី

ቀይ ሽንኩርት

ខ្ទឹមបារាំង

እንጉዳይ

ផ្សិត

ለዉዝ

គ្រាប់ផ្លែឈើ

የህፃናት ምግብ

ម្ហូប

ፓስታ
ម៉ាការ៉ូនី

ሩዝ
បាយ

ሰላጣ
សាឡាត់

የድንች ጥብስ
ដំឡូងចៀន

ድንች ጥብስ
ដំឡូងចៀន

ፒዛ
ភីហ្សា

ዳቦ ዊስጥ በስሱ ተጠብሶ የገባ
ស្រ.ង
ប៊ឺហ្គឺ

ሳንድዊች
សាំងវិច

ጥሬ ስጋ
សាច់ជាប់ឆ្អឹងជំនី

የአሳማ ስጋ
ហាំ

በቅመምና በጨዉ የታሸ ምግብ
ቀዝቅዞ የሚበላ ቾርባ ምግብ
សាឡាមី

ቋሊማ
សាច់ក្រក

ዶሮ
សាច់មាន់

ጥብስ
អាំង

አሳ
ត្រី

የአጃ ገንፎ
អាវ៉ែនបបរ

ከወተት ጋር ተደባልቀዉ የሚበሉ "ሙስሊች"
មុយស្លី

የበቆሎ ቅርፊት
ដឺឡ្យៅចំណិត

ዱቄት
មុសៅ

ኩራሳ
នំគ្រូសង់

ድብልብል ዳቦ
នំបុ័ងមុយ៉ាងមូលតូចៗ

ዳቦ
នំបុ័ង

መጥበስ
 អាំង

ብስኩት
នំប៉័ស្គ៊ី

ቅቤ
បឺរ

እርጎ
ទឹកដោះខាប់

ኬክ
នំខេក

እንቁላል
ស៊ុត

እንቁላል ጥብስ
ស៊ុតចៀន

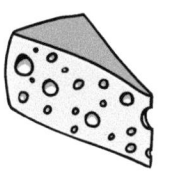

አይብ
ឈីស

የበረዶ ክሬም
ការ៉េម

ስኳር
ស្ករ

ማር
ទឹកឃ្មុំ

ማርማላት
ដំណាប់

የተናጠ የወተት ክሬም
ក្រែមតាំងម៉ៃ

ማጣፈጫ
ការ៉ូ

የገበሬ ቤት / ផ្ទះកសិដ្ឋាន

የእህልና የከብት ማቆሚያ ቤት / ជង្រុក

የጭድ ክምር / ឥស្ចែងចម្បើង

ሜዳ / កូលសួរ៉ែ

ፈረስ / សេះ

ተሳቢ መኪና / រថសណ្ដោង

የፈረስ ዉርንጭላ / កូនសេៗ

የእርሻ መኪና / តុកតូរ៍

አህያ / សត្វលា

በግ / សត្វចេៀម

የበግ ጠቦት / កូនចេៀម

ፍየል	ላም	ጥጃ
ពពែ	គោញ្ញី	កូនគោ

አሳማ	ግልገል አሳማ	ኮርማ
ជ្រូក	កូនជ្រូក	គោឈ្មោលពោល

ዝይ

សត្វក្ងាន

ዳክዬ

ទា

የዶሮ ጫጩት

កូនមាន់

ዶሮ

មមោន់

አውራ ዶሮ

មាន់ឈ្មោល

አይጥ

កណ្ដុរ

ደድመት

ឆ្មា

አይጥ

កណ្ដុរប្រមៈ

በሬ

គោឈ្មោល

ውሻ

ឆ្កែ

የውሻ ቤት

ផ្ទះឆ្កែ

የአትክልት ቦታ

ទុយោទឹក

ውሃ ማጠጫ ባልዲ

ធុងស្រោចទឹក

ረጅም ማጭድ

ខ្សៀវបក

ማረሻ

នង្គ័ល

ማጭድ
កណ្ដៀវ

መኮትኮቻ
ចបកាប់

የእህል መንሽ
នោស

መጥረቢያ
ពូថៅ

ኩርኩር/ የእጅ ጋሪ
រទេះរុញ

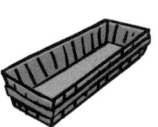

ገንዳ
ស្នូក

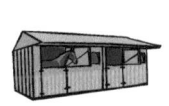

የወተት ዕቃ
កំប៉ុងទឹកដោះគោ

ጆንያ ከረጢት
ហរ

አጥር
របង

የፈረስ ጋጣ
គ្រវេល

ዕፅዋት ማሳደጊያ የመስታዋት ቤት
ផ្ទះកញ្ចក់

አፈር
ដី

ዘር
គ្រាប់ពូជ

የመሬት ማዳበሪያ
ជី

ጥምር ማረሻ
ម៉ាស៊ីនច្រូតកាត់

አዝመራ መሰብሰብ

ប្រមូលផល

አዝመራ

ការប្រមូលផល

ድንች

ដំឡូងដុក

ስንዴ

ស្រូវសាលី

ሶያ

សណ្តែកសៀង

ድንች

ដំឡូងដុក

በቆሎ

ពោត

የከብት መኖ

គុរប់ប្រដេវបៃ

የፍራ ዛፍ

ដេម៉មឈេលើហ្បួបផ្លើ

የካሳቫ ዛፍ

ដំឡូងមី

እህል

ចញ្ញជាតិ

ቤት

ផ្ទះ

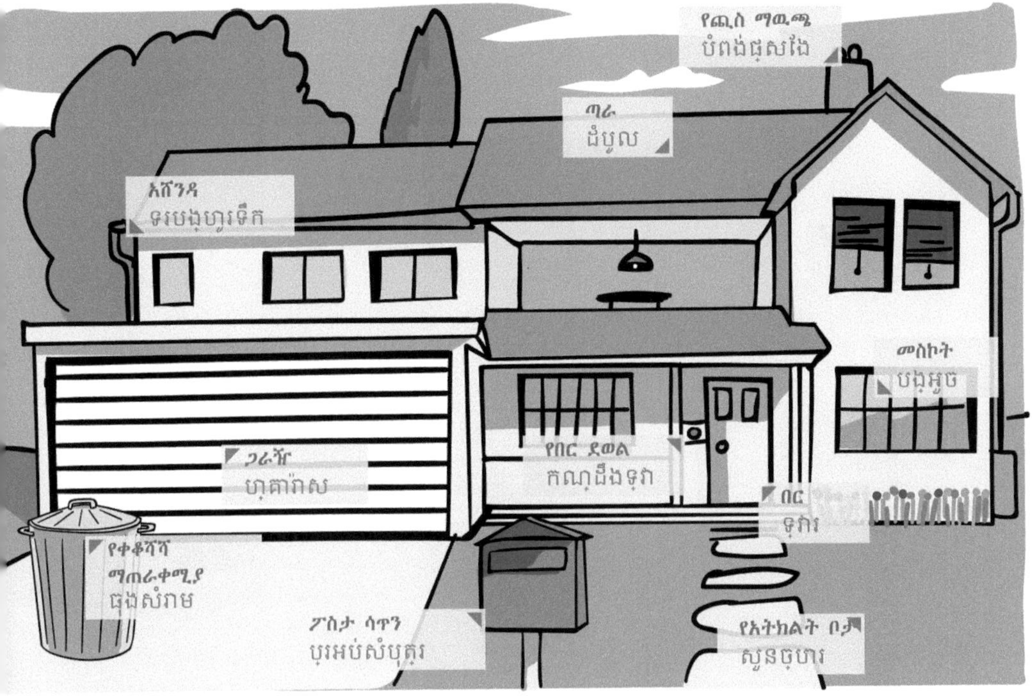
የጪስ ማዉጫ
បំពង់ផ្សែង
ጣራ
ដំបូល
አሸንዳ
ទុយោបង្ហូរទឹក
መስኮት
បង្អួច
ጋራዥ
ហ្គារ៉ាស
የበር ደወል
កណ្ដឹងទ្វារ
በር
ទ្វារ
የቆሻሻ ማጠራቀሚያ
ធុងសំរាម
ፖስታ ሳጥን
ប្រអប់សំបុត្រ
የአትክልት ቦታ
សួនច្បារ

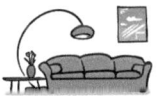

ሳሎን

បន្ទប់ទទួលភ្ញៀវ

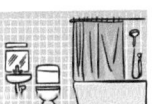

መታጠቢያ ቤት

បន្ទប់ទឹក

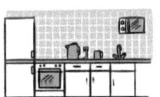

ማድቤት

ផ្ទះបាយ

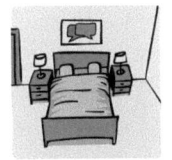

መኝታ ቤት

បន្ទប់គេង

የልጅ ክፍል

បន្ទប់របស់កុមារ

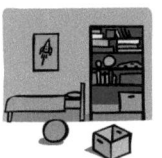

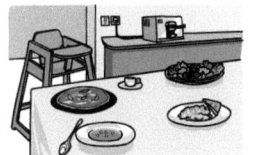

መመገቢያ ክፍል

បន្ទប់ទទួលទានអាហារ

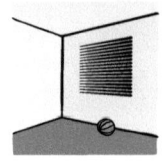

ወለል
ជាន់

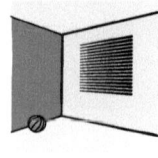

ግድግዳ
ជញ្ជាំង

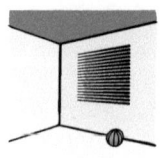

ጣሪያ
ពិដាន

ምድር ቤት
បន្ទប់ក្រោមដី

በእንፋሎት ሙቀት መታጠቢያ ቤት
សូណា

ሰገነት
យ៉រ

ከፍ ያለ መደብ
ផ្ទៃកែបស្មៅវៃនៅជម្រាលភ្នំ

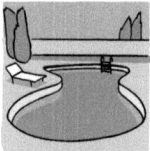

የመዋኛ ገንዳ
អាងហែលទឹក

የማጨጃ መኪና
ម៉ាស៊ីនកាត់ស្មៅ

አንሶላ
សន្លឹក

የአልጋ ልብስ
កម្រាលគ្រែដេក

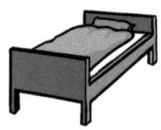

አልጋ
គ្រែ

መጥረጊያ
អំបោស

ባልዲ
ធុង

ማብሪያና ማጥፊያ
កុងតាក់

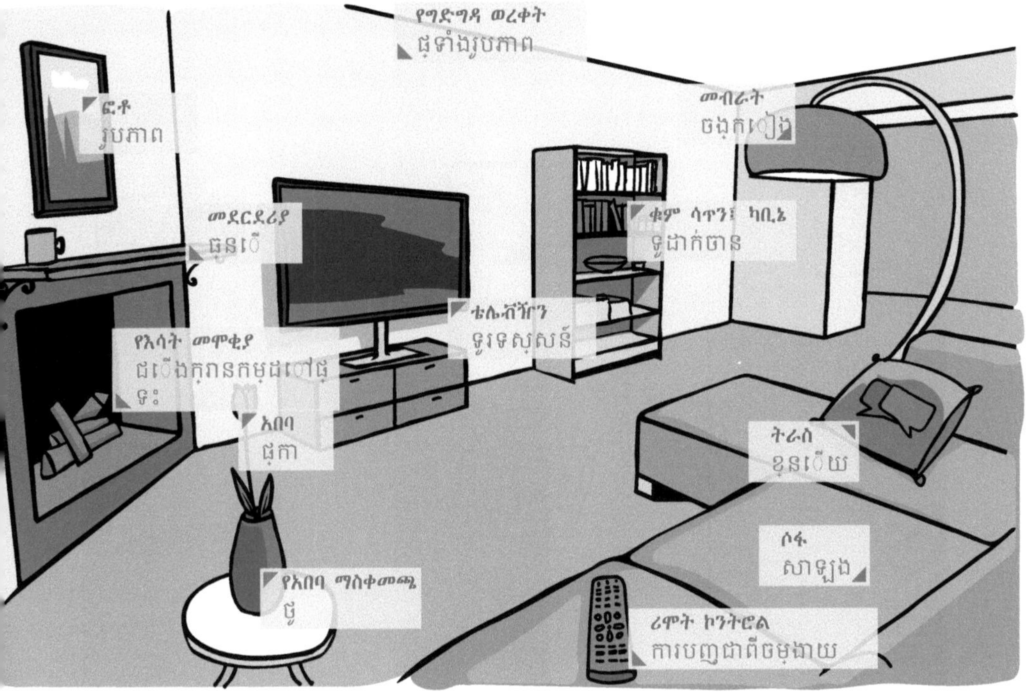

បន្ទប់ទទួលភ្ញៀវ

የግድግዳ ወረቀት
ផ្ទាំងរូបភាព

ፎቶ
រូបភាព

መብራት
ចង្កៀង

መደርደሪያ
ធ្នើរ

ቁም ሳጥን፤ ካቢኔ
ទូដាក់ចាន

የእሳት መሞቂያ
ជើងក្រានកម្ដៅផ្ទះ
។

ቴሌቪዥን
ទូរទស្សន៍

አበባ
ផ្កា

ትራስ
ខ្នើយ

ሶፋ
សាឡុង

የአበባ ማስቀመጫ
ថូ

ሪሞት ኮንትሮል
ការបញ្ជាពីចម្ងាយ

ንጣፍ
កម្រាលពូក

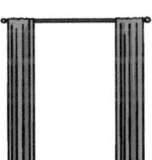

መጋረጃ
វាំងនន

ጠረጴዛ
តុ

ወንበር
កៅអី

ተወዛዋዥ ወንበር
កៅអីហាក់ប៉ើក

ባለመደገፊያ ወንበር
កៅអីភ្នាក់ដៃ

መጽሐፍ
សៀវភៅ

ብርድ ልብስ
ភួយ

ጌጥ
ការតុបតែង

ማገዶ
អុសដុត

ፊልም
ខ្សែភាពយន្ត

የሙዚቃ መጫወቻ
ឧបករណ៍ Hi-Fi

ቁልፍ
កូនសោ

ጋዜጣ
កាសែត

ስዕል
គំនូរ

የተለጠፈ ማስታወቂያ እንደ ስዕል
ផ្ទាំងរូបភាព

ራዲዮ
វិទ្យុ

ማስታወሻ ደብተር
ណូតផត

የአየር ማዕጾ ለምንጣፍ
ម៉ាស៊ីនបូមធូលី

ቁልቁል
ដើងាយកុស

ሻማ
ទៀន

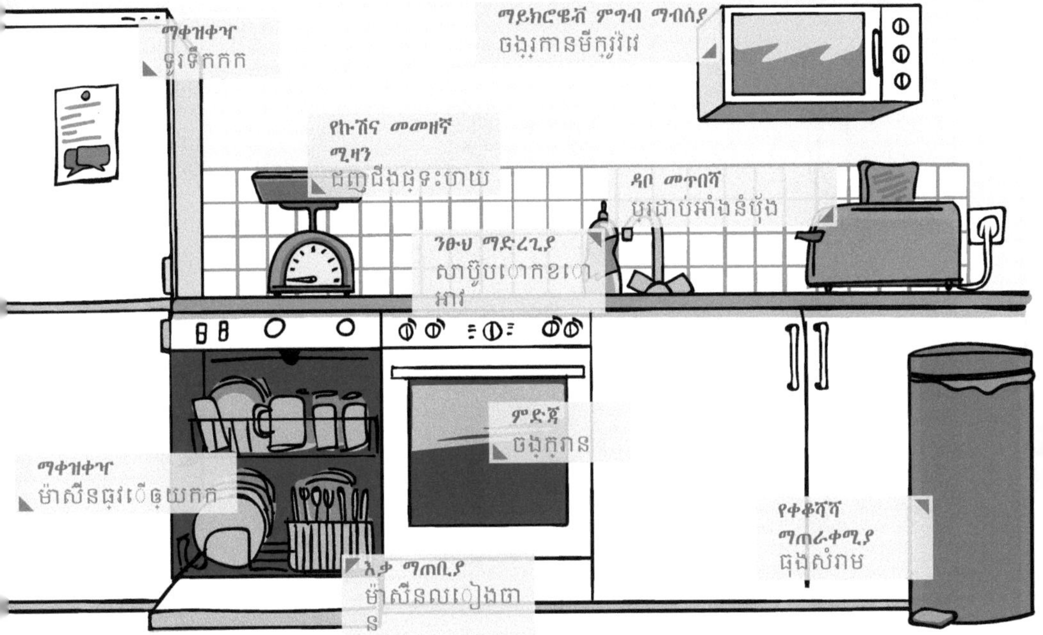

ማይክሮዌቭ ምግብ ማብሰያ
ចង្ក្រានម៉ីក្រូវ៉េ

ማቀዝቀዣ
ទូទឹកកក

የኩሽና መመዘኛ ሚዛን
ជញ្ជីងផ្ទះបាយ

ዳቦ መጥበሻ
ម៉ាស៊ីនអាំងនំបុ័ង

ንዑህ ማድረጊያ
សាប៊ូលោកខ្លៅ
អាវ

ማቀዝቀዣ
ម៉ាស៊ីនលាងចានឃក

ምድጃ
ចង្ក្រាន

እቃ ማጠቢያ
ម៉ាស៊ីនលាងចាន

የቆሻሻ ማጠራቀሚያ
ធុងសំរាម

ምግብ አብሳይ
ចង្ក្រាន

ማሰሮ
ធុននាំង

የብረት ማሰሮ
ធុននាំងដៃកៃ

ምግብ ማብሰያ ዝርግ ድስት
ខ្ទះ / ខ្ទះឆ្នាំង

የምግብ መጥበሻ
ខ្ទះ

ማንቆርቆሪያ
កំសៀវ

የእንፉሎት ማብሰያ
ធន៉ាំងចំហុយ

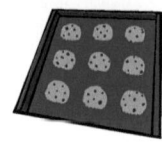

የመጋገሪያ ትሪ
ថាសដុតនំ

ሰብሰቦች
គ្រឿងចានធន៉ាំងដី

ትልቅ ኩባያ
ថ្វ

ጎድጓዳ ሳህን
ចានគ្រោម

ቾፕስቲክስ
ចង្កឹះ

ጭልፋ
វែកសម្ល

መስቀስቂያ ዝርግ ማንኪያ
វែកគូរ

ማደባለቂያ
ប្រដាប់វាយក្រឡុក

መወጠሪያ
តម្រង

ወንፊት
កន្ត្រង

መፍርፈሪያ መሳሪያ
ប្រដាប់កោសដូង

ሲሚንት
ត្បាល់

የፍም ጥብስ
ការអាំងសាច់

የተለቀቀ እሳት
ចង្ក្រានចំហ

መክተፊያ
ជ្រៀញ

ተንሽራታች መርፌ
ប្រដាប់កិនម្សៅ

የጠርሙስ መክፈቻ
ប្រដាប់មូរបើកឆ្នុកសុរា

ጣሳ
កំប៉ុង

የጣሳ መክፈቻ
ប្រដាប់បើកកំប៉ុង

የማሰሮ መሸፈኛ
កុរណាត់ទ្រាប់ធ្នាំង

ሳህን ማጠቢያ
កន្លែងលាងចាន

ብሩሽ
ជក់

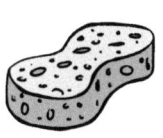

ስፖንጅ
អប៉ុង

መደባለቂያ መሳሪያ
ម៉ាស៊ីនកួរឡ្បុក

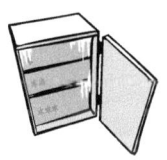

በጣም ማቀዝቀዣ
ទូរទឹកកកខ្ជាតក្តុច

ጡጦ
ដបទឹកដោះគោ

ቧንቧ
រ៉ូប៊ីណេ

ማሞቂያ — កម្ដៅ

መታጠቢያ — ផ្កាឈូក

ፎጣ — កន្សែង

የመታጠቢያ ቤት መጋረጃ — រំឭននង្ងទឹកផ្កាឈូក

የአረፋ መታጠቢያ — ការងូតទឹកពពុះ

የመታጠቢያ ገንዳ — អាងងូតទឹក

ብርጭቆ — កែវ

የልብስ ማጠቢያ — ម៉ាស៊ីនបោកគក់

ማስወገድ ወለል — កូរឡ្បកុបឡេង

ፅንጋ — រ៉ូប៊ីណេ

ፃፃ — ចានបង្គន់

ሳህን ማጠቢያ — កន្សែងលាងចាន

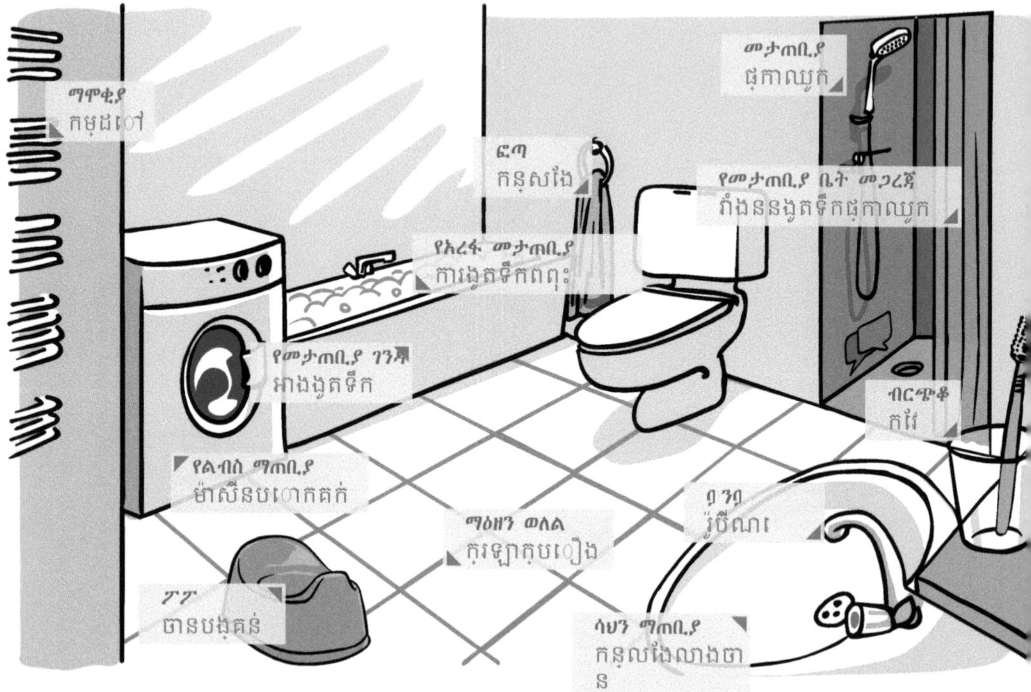

ሽንት ቤት
បង្គន់

የሽንት ቤት መቀመጫ
បង្គន់អង្គុយ

ባፉ
ផ្ទៀងផ្ទះមុនះកាយ

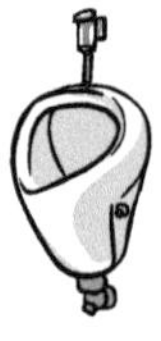

የመንገድ ዳር መሽኛ
កុលាំទឹកនោម

የሽንት ቤት ወረቀት
ក្រដាសបង្គន់

የሽንት ቤት ማፅጃ ብሩሽ
ច្រាសដុសបង្គន់ន

ጥርስ ብሩሽ
ច្រាសដុសធ្មេញ

ጥርስ ሳሙና
ថ្នាំដុសធ្មេញ

ጥርስ ማፅጃ ክር
ខ្សែទាក់សម្អាតធ្មេញ

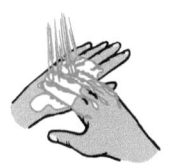

መታጠብ
លាង

እጅ መታጠቢያ
ប្រដាប់ដាក់ដៃផ្កាឈូក

መታጠቢያ
ទឹកថ្នាំសម្រាប់ហាញ់លាង

ጎድጓዳ ሳህን
អាង

ጀርባ ብሩሽ
ច្រាសដុសខ្នង

ሳሙና
សាប៊ូ

መታጠቢያ ሻምፑ ሳሙና
ដែលសម្រាប់ងូតទឹកផ្កាឈូក

ፀጉር መታጠቢያ ሳሙና
សាប៊ូ

ለስላሳ ጨርቅ
សកុលាត

ፍሳሽ
បំពង់បង្ហូរទឹក

ክሬም
ក្រែម

ጠረን መቀ ሪያ ንጥረ ነገር
ថ្នាំបំហាត់ក្លិនអាក្រក់

መስታወት
កញ្ចក់

የእጅ መስታወት
កញ្ចក់ដៃ

ምላጭ
ប្រដាប់កោរ

የመላጫ አረፋ
ហ្វូមកោរពុកមាត់

ከመላጨት በኋላ የሚቀባ ሽቱ
ទឹកលាងក្រោយកោរពុកម
ាត់រួច

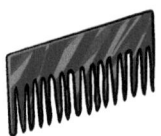

ማበጠሪያ
កូរស

ብሩሽ
ជក់

የፀጉር ማድረቂያ
ប្រដាប់សម្ងួតសក់

በፀጉር ላይ የሚነፋ
សួតរាយបាញ់សក់

የፊት መቀባቢያ
ការតុបតែងមុខ

የከንፈር ቀለም
កូរមែលាបមាត់

የጥፍር ቀለም
ថ្នាំលាបក្រចក

የጥጥ ሱፍ
រោមកប្បាស

ጥፍር መቁረጫ
កន្ត្រៃកាត់ក្រចក

ሽቶ
ទឹកអប់

ማጠቢያ ባልዲ
កាប៉ូបបេាកតត់

መቀመጫ
លាមក

ሚዛን
ជញ្ជីងថ្លឹងទម្ងន់

የመታጠቢያ ልብስ
អាពោកងួតទឹក

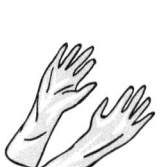

የላስቲክ ጓንት
ស្រោមដៃពោស្តិ

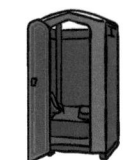

ሞዶስ
ឆ្នុក

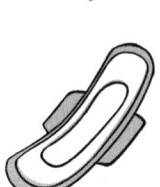

የዕዳት ፎጣ
កន្សែងអនាម័យ

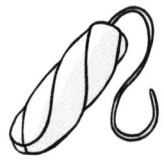

የሽንት ቤት ኬሚካል
បង្គន់គីមី

បន្ទប់របស់កុមារ

የማንቂያ ደዉል ሰዐት
នាឡិការោទ៍
የህፃን አሻንጉሊት
ប្រដាប់ក្មេងអោបលេង
የመጫወቻ መኪና
រថយន្តក្មេងលេង
ማንገጫገጫ መጫወቻ
ប្រដាប់អង្រន់លេង
የአሻንጉሊት ቤት
ផ្ទះកូនក្រមុំជ័រ
ስጦታ
អំណោយ

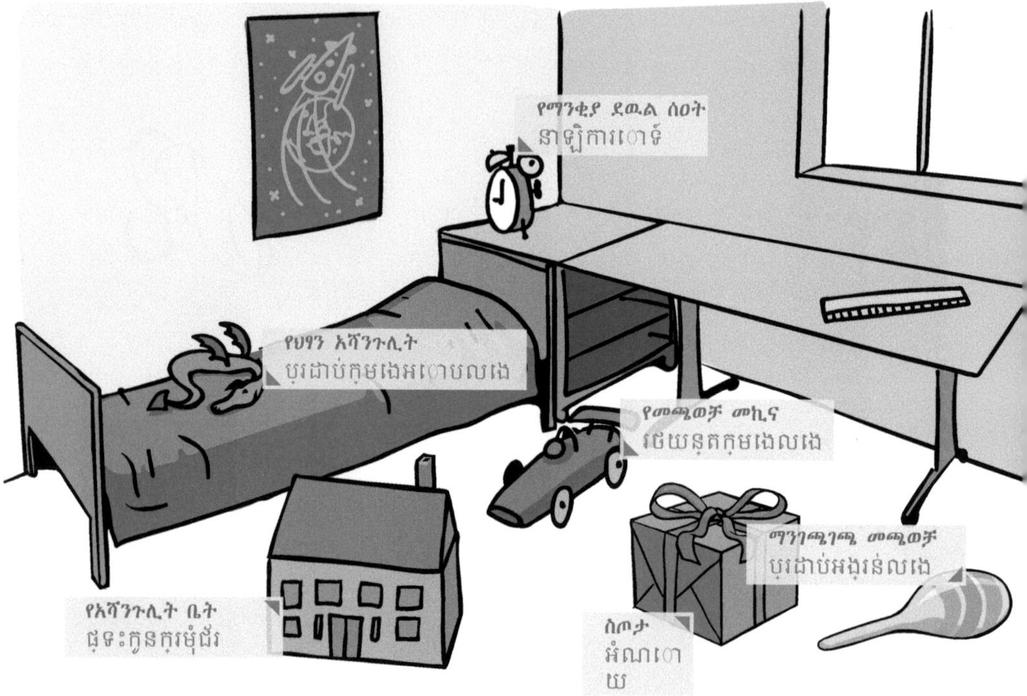

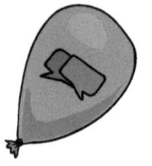

ፊኛ

ប៉េងប៉ោង

አልጋ

គ្រែ

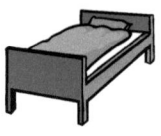

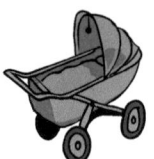

የህፃን ማንሸራሸሪያ ጋሪ

រទេះរុញទារក

የካርታ መጫወቻ

ហ៊្វបៀ

ቁርጥራጭ ምስሎችን የማገጣጠም
እና ምስል የማግኘት ጨዋታ

រូបផ្គុំ

SUPER MEGA

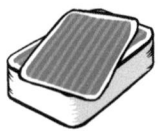

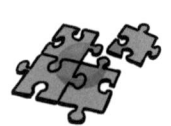

አዝናኝ

កំប្លែង

ተገጣጣሚ መጫወቻ
ឈុំ Lego

የመጫወቻ መገጣጠሚያዎች
ប្លុកប្រដាប់កុមងៃលងៃ

የድርጊት ምስል
តួលខេសកម្មភាព

የህፃን እድገት
ខោអារៃទារក

የፕላስቲክ መጫወቻ ዝርግ ሰህን
ការគប់ចាស

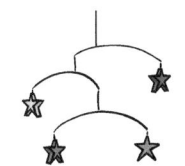

ተወዛዋዥ የህፃን ማጫወቻ
ទូរស័ព្ទឆ្ងៃ

የሰሌዳ ጨዋታ
ក្តារលៃបងៃ

የመጫወቻ ጣጦር
គ្រាប់ឡ្បុកឡ្ចាក់

የመጫወቻ ባቡር
ឈុតរថៃភ្លលៃឆ្ងៃ

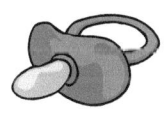

የእንጀራ እናት ጡጦ
រូបសំណាក

ድግስ
គណៃបកុស

የስዕል መፅሀፍ
សៃ្យៀវភៃ្យៀបភាព

ኳስ
ហាល់

አሻንጉሊት
កូនក្រមុំតុក្កកតា

መጫወት
លងៃ

የአሸዋ መጫወቻ
 រណ្ដៅទៅខ្សាច់

ሽፈሽቮ
ទោង

መጫወቻዎች
ប្រដាប់ក្មេងលេង

የቪዲዮ መጫወቻ
កុងស៊ុលវីដេអូហ្គេម

ባለ ሶስት ጎማ ብስክሌት
គ្រីចក្រយានយន្ត

የአሻንጉሊት ድብ
តុក្កតាខ្លាឃ្មុំ

ቁምሳጥን
ទូទោអាវ

ካልሲዎች
ស្រោមជើង

ስቶኪንጎች
ស្រោមជើងវែង

ታይት
ខោទ្រនាប់នារី

የአንገት ልብስ / ក្រមា

ቀበቶ / ខ្សែក្រវ៉ាត់

ግንጥላ / ឆ័ត្រ

ክናቴራ / អាវយឺត

ስኒከሮች / ស្បែកជើងប៉ាតា

ቦቲ / ស្បែកជើងកវែង

የቤት ዉስጥ ነጠላ ጫማ / ស្បែកជើងពាក់នៅ ផ្ទះ

ነጠላ ጫማዎች / ស្បែកជើងសង្រែក

ጫማዎች / ស្បែកជើង

የዝናብ ቡትስ / ស្បែកជើងកវែងកៅស៊ូ

ሙታንታ / ខោទ្រនាប់បុរស

ጡት መያዣ / អាវទ្រនាប់

ሰደርያ / អាវកាក់

ሰዉነት
ກ໌ໆກາຍ

ሱሪዎች
ຂໍເທຣ໌ໃຄ

ጅንስ
ຂໍເທຊຣ໌ບີຍ

ጉርድ ቀሚስ
ສໍຄຕ໌

ሸሚዝ
ໜ໌ໃຄຸຮເທ

ሸሚዝ
ໜ໌ໃຮ

የሚጠለቅ ሹራብ
ໜ໌ໃຍ໌ຮຕ

ሹራብ
ໜ໌ໃຍ໌ຮຕ

ዪኔፎርም ጃኬት
ໜ໌ໃຕ໌ຈ

ጃኬት
ໜ໌ໃຄຸຮເທ

ኮት
ໜ໌ໃຕ໌ຈ

የዝናብ ኮት
ໜ໌ໃຄຽໜ໌ເຽໃຍ

ልብስ
ຕຸຮເຽໃຍຕໃຄ

ቀሚስ
ໜ໌ໃຮໃຄ

የሙሽራ ቀሚስ
ສໍລເຽໃຄບໍຕຕ໌ໜ໌ຕາໜ໌ຕ໌ໜ
ໜ໌

ሱፍ
ឧបោអារឈ្មេ

የለሊት ልብስ
រ៉ូបរាត្រី

የለሊት ልብስ
ឈុតគេង

ረጅም ቀሚስ
សារី

ሂጃብ
កន្សែងដូតក្បាល

ጥምጣም
ឆ្នួត

ቡርቃ
ស្បម៉ៃខ

ሸርጥ
kaftan

አባያ
abaya

የዋና ልብስ
ឈុតហាលេទឹក

አጭር ቁምጣ
ឧទេខលី

ቁምጣዎች
ឧទេខលី

የስራ ቁታ
ឈុតហាត់កីឡា

ሸርጥ
អាវអៀម

ጓንት
ស្រៈទោមដៃ

አልባሳት - សម្លៀកបំពាក់   47

ቁልፍ
ឲ្យរអារ

መነፅር
វ៉ែនតា

አምባር
ខ្សែដៃ

የአንገት ሀብል
ខ្សែក

ቀለበት
ចិញ្ចៀន

የጆሮ ጌጥ
ក្រវិល

ኮፍያ
មួក

የኮት መስቀያ
បុដាប់ពួយអាវក្រុរៅ

ኮፍያ
មួក

ከረባት
ក្រវ៉ាត់ក

ዚፕ
រ្ញត

የብረት ቆብ
មួកសុវត្ថិភាព

መደገፊያ
ខ្សែរ

የትምህርት ቤት የደንብ ልብስ
ឯកសណ្ឋានសាលា

የደንብ ልብስ
ឯកសណ្ឋាន

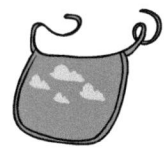

መሃረብ

អៀមទារក

የእንጀራ እናት ጡጦ

រូបសំណាក

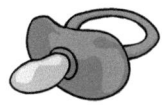

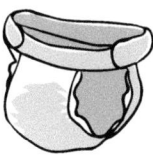

ሽንት ጨርቅ

ខោទឹកនោម

ቢሮ

ការិយាល័យ

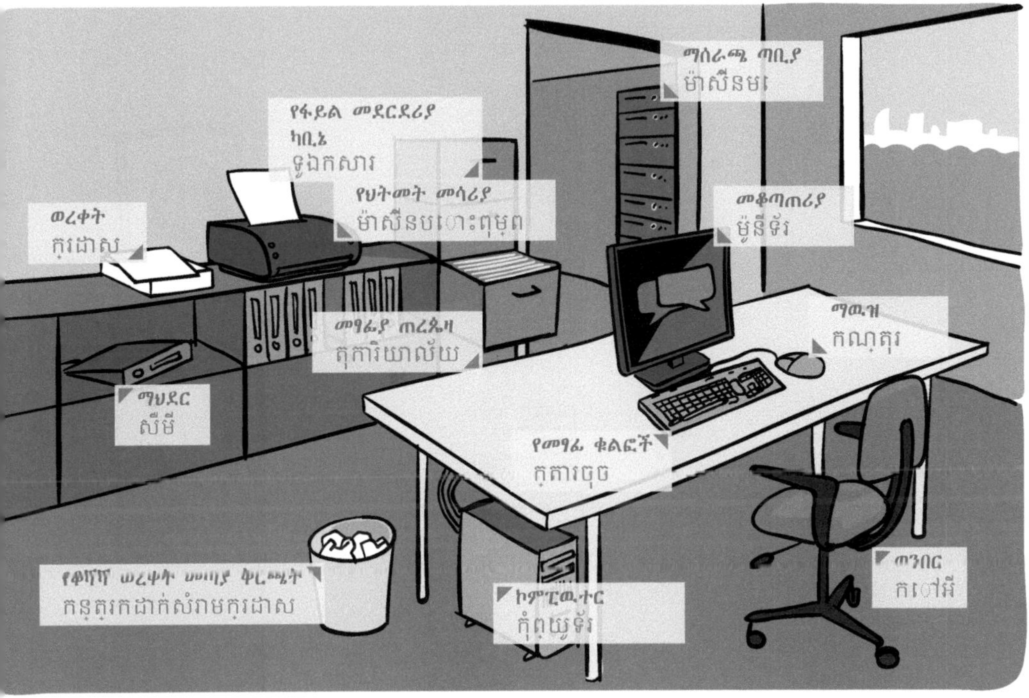
ማስራጫ ጣቢያ
ម៉ាស៊ីនមេ
የፋይል መደርደሪያ ካቢኔ
ទូឯកសារ
የህትመት መሳሪያ
ម៉ាស៊ីនបោះពុម្ព
ወረቀት
ក្រដាស
መቆጣጠሪያ
ម៉ូនីទ័រ
ማጪዝ
កណ្តុរ
መፃፊያ ጠረጴዛ
តុការិយាល័យ
ማህደር
ស៊ីឌី
የመፃፊ ቁልፎች
ក្តារចុច
የቆሻሻ ወረቀት ሥጣያ ቅርጫት
កន្ត្រកដាក់សំរាមក្រដាស
ኮምፒዉተር
កុំព្យូទ័រ
ወንበር
កៅអី

የቡና መጠጫ ትልቅ ኩባያ

កែវកាហ្វ

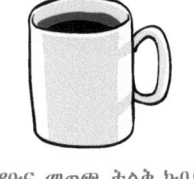

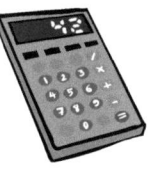

ማስልያ ማሽን

ម៉ាស៊ីនគិតលេខ

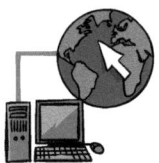

ኢንተርኔት

អ៊ីនធឺណិត

ላፕቶፕ
កុំព្យូទ័រយួរដៃ

ደብዳቤ
លិខិត

መልዕክት
សារ

ተንቀሳቃሽ ስልክ
ទូរស័ព្ទដៃ

የግንኙነት አዉታር
បណ្តាញ

ማባዣ ማሽን
ម៉ាស៊ីនថតចម្លង

ሶፍትዌር
សូហ្វវែរ

ስልክ
ទូរស័ព្ទ

የግድግዳ ሶኬት
នួចជរ៉េត

የፋክስ ማሽን
ម៉ាស៊ីនទូរសារ

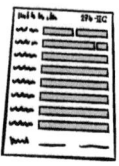

ቅፅ
ទម្រង់បែបបទ

ሰነድ
ឯកសារ

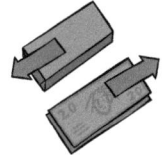

መግዛት
ទិញ

መክፈል
បង់ប្រាក់

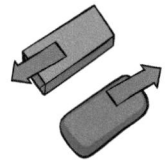

መነገድ
ធ្វើ៎ជំនួញ

ገንዘብ
លុយ

USD

ዶላር
ប្រាក់ដុល្លារ

EUR

ዩሮ
ប្រាក់អឺ៎

JPY

የን
ប្រាក់យ៉េន

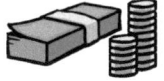

RUB

ሩብል
ប្រាក់រ៉ូបិល

CHF

የስዊዝ ፍራንክ
ហ្ស៊ុ៎ង់ស៊ីស

CNY

ሬንሚንቢ, ዩዋን
ប្រាក់យ៉ន

INR

ሩጲ
ប្រាក់រ៉ូពី

የገንዘብ ነጥብ
កន្លែងដកប្រ៎សាច់ប្រាក់

የዉጭ ገንዘብ ምንዛሪ ቢሮ

ការិយាល័យបូរូបរាក់

ወርቅ

មាស

ብር

ប្រាក់

ዘይት

ប្រេង

ሀይል፤ ጉልበት

ថាមពល

ዋጋ

តម្លៃ

ግንኙነት

កិច្ចសន្យា

ቀረጥ

ពន្ធ

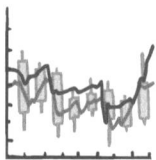

አክስዮን

ភាគហ៊ុន

መስራት

ធ្វើការ

ተቀጣሪ

បុគ្គលិក

ቀጣሪ

និយោជក

ፋብሪካ

រោងចក្រ

ሱቅ

ហាង

የፓሊስ አዛዥ
មន្ត្រីប៉ូលីស

የእሳት አደጋ ሰራተኛ
អ្នកពន្លត់អគ្គិភ័យ

ምግብ አብሳይ
ចុងភៅ

ዶክተር
វេជ្ជបណ្ឌិត

አብራሪ
អ្នកបើកយន្តហោះ៖

አትክልተኛ

អ្នកថែសួន

አናጢ

ជាងឈើ

ልብስ ሰፊ ሴት

ជាងកាត់ដេរ

ዳኛ

ចៅក្រម

ቀማሚ

គីមីទ្យ

ተዋናይ

តួកូន

የአዉቶቢስ ሹፌር

អ្នកបើកឡានក្រុង

የታክሲ ሹፌር

អ្នកបើកតាក់ស៊ី

አሳ አጥማጅ

អ្នកនេសាទ

ዕዳት ሰራተኛ

សុត្រីអ្នកសម្អាត

የጣራ ሰራተኛ

ជាងដំបូល

አስተናጋጅ

អ្នករត់តុ

አዳኝ

អ្នកបរបាញ់សត្វ

ሰዓሊ

វិចិត្រករ

ጋጋሪ

អ្នកដុតនំ

የኤሌትሪክ ሰራተኛ

ជាងអគ្គីសនី

ገምቢ

ជាងសំណង់

መሃዛዲስ

វិស្វករ

ልኳንዳ

អ្នកកាប់សាច់

የቧንቧ ሰራተኛ

ជាងជួសជុលទុយោរទឹក

የፖስታ ሰራተኛ

អ្នករត់សំបុត្រ

ወታደር
ទាហាន

መሃንዲስ
ស្ថាបត្យករ

የሒሳብ ሰራተኛ
បេឡា

አበባ ሻጭ
អ្នកលក់ផ្កា

የፀጉር ሰራተኛ
អ្នកកាត់សក់

ቲኬት ቆራጭ
អ្នកយកលុយ

መካኒክ
ជាងម៉ាស៊ីន

ካፒቴን
កាព្ទែន

የጥርስ ሐኪም
ពេទ្យធ្មេញ

ተመራማሪ
អ្នកវិទ្យាសាស្ត្រ

መምህር
គ្រូបង្រៀនចាប់សញ្ជាតិ
ជ៊ីហ្វ

የሙስሊም ሃይማኖታዊ መሪ
លោកសង្ឃឥស្លាម

መነኩሴ
ព្រះសង្ឃ

ካህን
បព្វជិត

መሳሪያዎች
ឧបករណ៍

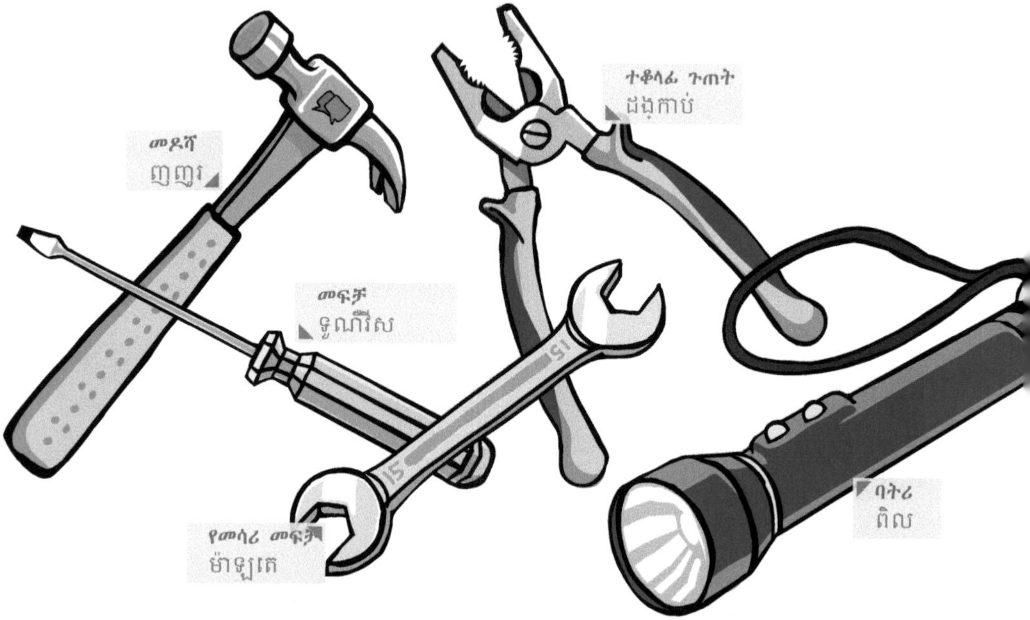

ተቆላፊ ጉጠት
ដង្កាប់
መዶሻ
ញញួរ
መፍቻ
ទួណឺវីស
የመሳሪ መፍቻ
ម៉ាឡេត
ባትሪ
ពិល

በቁፋሮ የሚዝቅ
ម៉ាស៊ីនជីក

የመፍቻ ሳጥን
ប្រអប់ឧបករណ៍

መሰላል
ជណ្តើរ

መጋዝ
រណារ

ምስማር
ដែកគោល

መሰርሰሪያ
ប្រដាប់ស្វាន

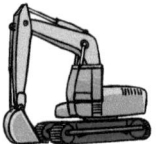

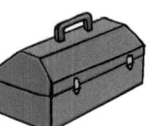

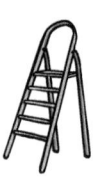

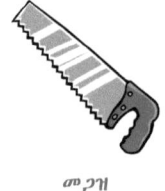

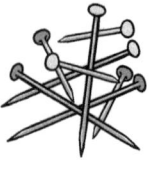

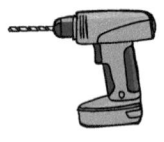

መጠገን
ជួសជុល

አካፋ
ប៉ែល

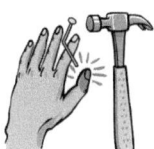

የተረገመ!
ចង្រៃ!

ቆሻሻ ማፈሻ
ប្រដាប់ច្រកធូលី

የቀለም ቆርቆሮ
ធុងថ្នាំពណ៌

ብሎን
វីស

የሙዚቃ መሳሪያዎች
ឧបករណ៍តន្ត្រី

የከበሮ መሳሪያዎች
ឃ្មុងស្គរ

የድምፅ ማጉያ መሳርያ
ឧបករណ៍បំពងសំឡេង

ድርብ ቤዝ ጊታር
ហាស់ព័រ

ክራር መስል የሙዚቃ መሳሪያ
ហ្គីតា

የትንፋሽ ሙዚቃ መሳሪያ
ត្រុំប៉ែ

ፒያኖ
ព្យ៉ាណូ

 violin
វីយូឡុង

ወፍራም፤ ጎርናና ድምፅ ያለዉ ክራር መስል ሙዚቃ መሳሪያ
ហាស

ነጋሪት
ស្គរ៣លស្គរធ្ងន់ៗ

ከበሮ
ស្គរ

በኤሌክትሪክ የሚሰራ ፒኖ
យីបត

የትንፋሽ ሙዚቃ መሳሪያ
សាក់ស្ហូន

ዋሽንት
ខ្លុយ

የድምፅ ማጉያ
មីក្រូហ្ហូន

ነብር
សត្វខ្លា

ሳጥን
ទូរ

መግቢያ
ចរកចូល

የሜዳ አህያ
សេះបង្កង់

የእንስሳ ምግብ
ការខ្ទើយចំណីសត្វ

ትልቅ ድብ
ខ្លាឃ្មុំផេនដា

እንስሳቶች
សត្វ

ዝሆን
សត្វដំរី

ካንጋሮ
សត្វកេងហុការូ

አዉራሪስ
សត្វរមាស

ትልቅ ዝንጀሮ
សត្វស្វាហ្គរីឡ្ញា

ድብ
ខ្លាឃ្មុំលណ្តុនពោត

ግመል
 សត្វអូដ្ឋ

ሰጎን
សត្វអូទ្រុស

አንበሳ
សត្វតោ

ጦጣ
ស្វា

ቅልጥም ረዥም ወፍ
សត្វក្រៀល

በቀቀን
សេក

የወዋልታ ድብ
ខ្លាឃ្មុំកូនប៉ូល

የዋልታ ወፍች
ផេនឃ្វីន

ረጅም ጥርሶች ያሉትአሳ ነባሪ
ត្រីឆ្លាម

ጣዎስ
ក្ងោក

እባብ
សត្វពស់

አዞ
ក្រពើ

የዱር አራዊት የሚጠበቁበት
ማቆያን የሚጠብቅ
អ្នកកុសាស្វនសត្វ

አሳ በሊታ የባህር እንስሳ
ធូមាទិក

የዱር ድመት
ខ្លារខិនមឃ៉ាង

ድንክ ፈረስ
កូនសេះ

ነብር
ខ្លារខិន

ጉማሬ
សត្វដេវទឹក

ቀጭኔ
សត្វកវៃង

ንስር
ឥន្ទ្រី

ከርከሮ
ជ្រូក

አሳ
ត្រី

የባህር ኤሊ.
អណ្ដើកទឹក

የባህር አውሬ
លោមមចថា

ቀበሮ
កញ្ជ្រោង

የሜዳ ፍየል፤ ሚዳቋ
ក្ដាន់

የአሜሪካ እግርኳስ
ቩፖrፖ ሀለቃt ፎtbol

የብስክሌት ስፖርት
sayክሊንግ

ቴኒስ
ቩፖr፣ ፬ኒ፣s

የቅርጫት ኳስ
ቩፖr፣ ሀለ bol

ዋና
ቩፖrፖ sዌሚንግ

የቡጢ ስፖርት
ቩፖ boxing

የበረዶ ላይ የገና ጨዋታ
ቩፖr፣ ayስ hoኪ

እግር ኳስ
ቩፖr፣ ሀለtፖ

የላባ ኳስ ጨዋታ
ቩፖr፣ bamኒ፣ን

አትሌቲክስ
አtለti sizም

የእጅ ኳስ ስፖርት
ቩፖr፣ ሀለt፣ ፣

የበረዶ መንሸራተት ስፖርት
sኪinግ

ፈረስ ግልቢያ
poፖlo

መዝለል លោត

መጮኽ ស្រែក

ማቀፍ ឱប

መሳቅ សើច

መራመድ ដើរ

መዝመር ច្រៀង

ሀልም ማለም សុបិន្ត

መፀለይ អធិស្ឋាន

መሳም ថើប

መፃፍ សរសេរ

መሳል គូរ

ማሳየት បង្ហាញ

መግፋት រុញ

መስጠት ឲ្យ

መዉሰድ យក

መያዝ
មាន

ማድረግ
ធ្វើ

መሆን
គឺ

መቆም
ឈរ

መሮጥ
រត់

መሳብ
ទាញ

መወርወር
បោះ

መዉደቅ
ធ្លាក់

መዋኘት
កុហក

መጠበቅ
រង់ចាំ

መሸከም
យួរ

መቀመጥ
អង្គុយ

መልበስ
សួលៀកពាក់

መተኛት
ដេក

መንቃት
ក្ញាក់ឡេ្បឡើង

እንቅስቃሴዎች - សកម្មភាពនានា

መመልከት
មើល

ማለልቀስ
យំ

መጫር
គូសវាស

ማበጠር
សិតសក់

ማዉራት
និយាយ

መረዳት
យល់

ጥያቄ
សួរ

ማዳመጥ
ស្ដាប់

መጠጣት
ដឹក

መብላት
បរិភោគ

ማንፃት
សម្អាត

ማፍቀር
ស្រលាញ់

ምግብ ማብሰል
ចម្អិន

ማንዳት
បើកបរ

መብረር
ហោះ

መርከብ መንዳት
ចាកទូក

ቁጥሮችን ማስላት
គណនា

ማንበብ
អាន

መማር
រៀន

መስራት
ធ្វើការ

ማግባት
រៀបការ

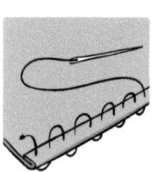

መስፋት
ដេរ

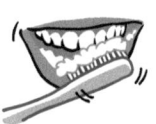

ጥርስ መቦረሽ
ដុសធ្មេញ

ማግደል
សម្លាប់

ማጨስ
ជក់

መላክ
ផ្ញើ

ቤተሰብ
ក្រុមគ្រួសារ

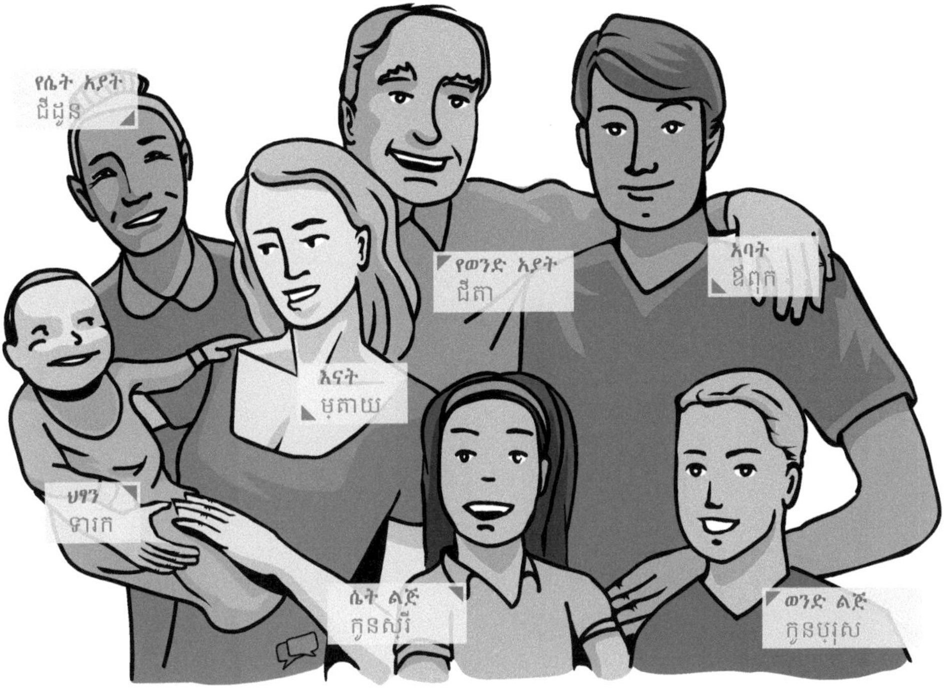

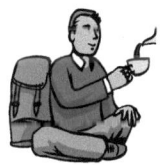

እንግዳ
ភ្ញៀវ

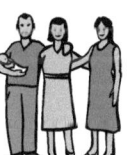

አክስት
មីង

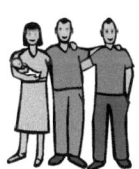

አጎት
ពូ

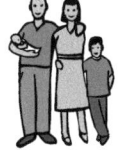

ወንድም
បងប្អូនប្រុស

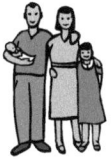

እህት
បងប្អូនស្រី

ፀጉር / ថ្ងាស

አይን / ក្នែ

ፊት / មុខ

አገጭ / ចង្កា

ጡት / សុដន់

ጣት / ម្រាមដៃ

እጅ / ដៃ

ክንድ / ដៃ

ትከሻ / ស្មា

እግር / ជើង

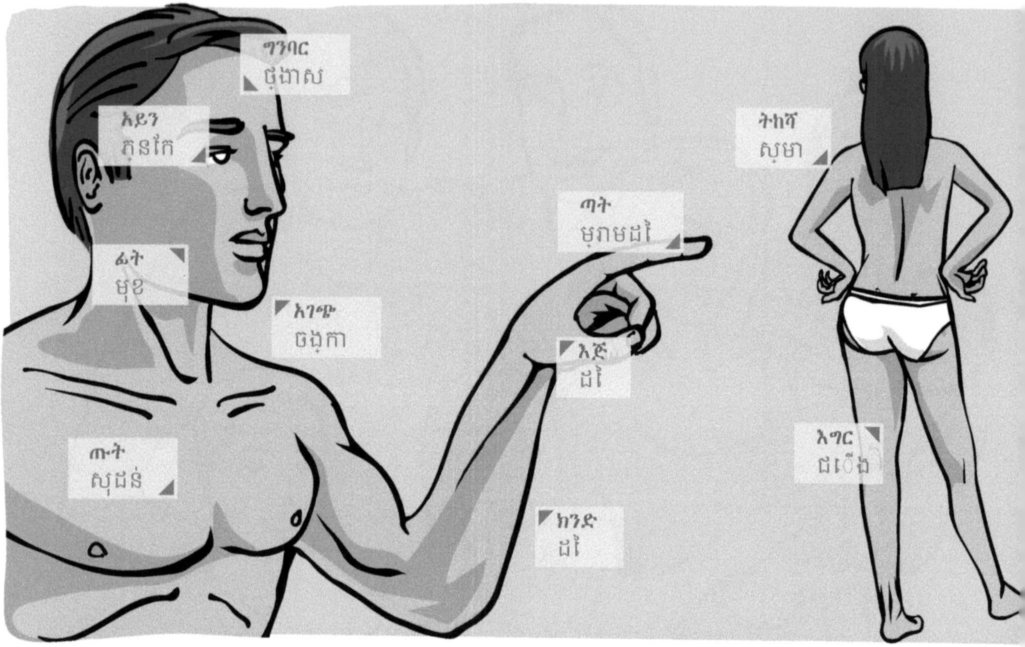

ህፃን
ទារក

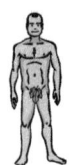

ሰዉ
បុរស

ሴት
ស្ត្រី

ልጃገረድ
កុមារីស្រី

ወንድ ልጅ
កុមារប្រុស

ራስ
កុបាល

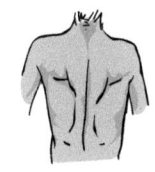

ጀርባ

ខ្នង

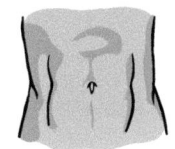

ሆድ

ពោះ

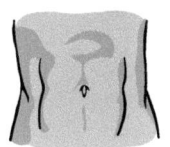

እምብርት

ផ្ចិត

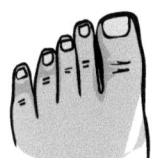

የእግር ጣት

ម្រាមជើង

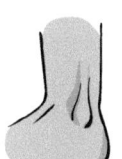

ተረከዝ

កែងជើង

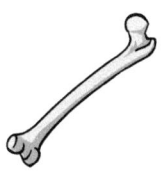

አጥንት

ឆ្អឹង

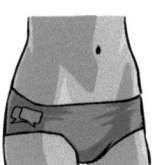

ዳሌ

ត្រគាក

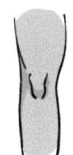

ጉልበት

ជង្គង់

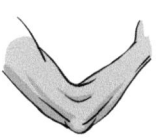

ክርን

កែងដៃ

አፍንጫ

ច្រមុះ

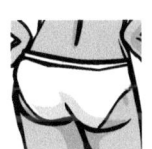

ቂጥ

គូទ

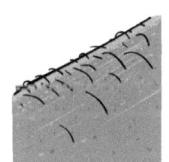

ቆዳ

ស្បែក

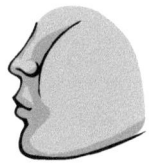

ጉንጭ

ថ្ពាល់

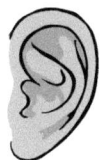

ጆሮ

ត្រចៀក

ከንፈር

បបូរមាត់

አፍ
ម៉ាត់

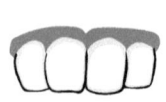

ጥርስ
ធ្មេញ

ምላስ
អណ្ដាត

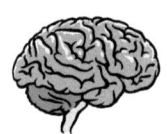

አንጎል
ខួរក្បាល

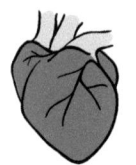

ልብ
បេះដូង

ጡንቻ
សាច់ដុំ

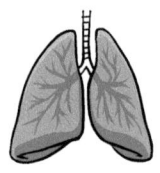

ሳምባ
សួត

ጉበት
ថ្លើម

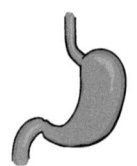

ሆድ
ក្រពះ

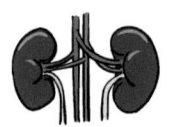

ኩላሊቶች
តម្រងនោម

የግብረስጋ ግንኙነት
ការរួមភេទ

ኮንዶም
ស្រោមអនាម័យ

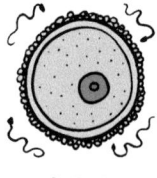

የሴት እንቁላል
អូវុល

የዘር ፈሳሽ
ទឹកកាម

እርግዝና
ការមានផ្ទៃពោះ

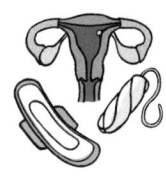

የወር አበባ
ម៉កវិជ្ជ័រ

እምስ
ទ្វារមាស

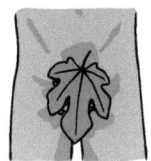

ቁላ
លិង្គ

ቅንድብ
ចិញ្ចើម

ፀጉር
សក់

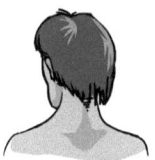

አንገት
ក

ሆስፒታል
មន្ទីរពេទ្យ

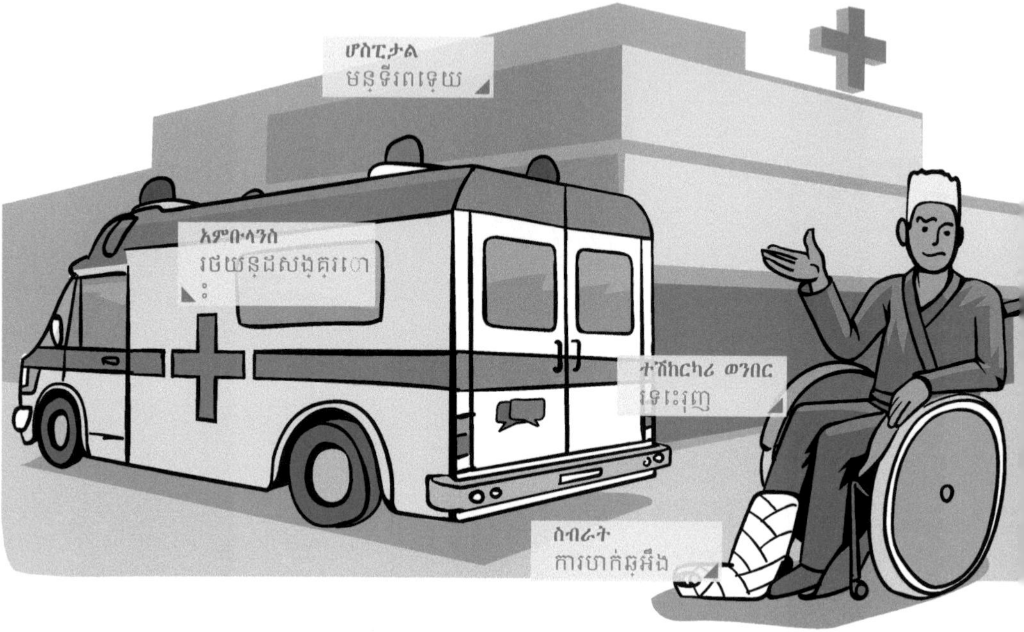

ሆስፒታል
មន្ទីរពេទ្យ
አምቡላንስ
រថយន្ដសង្គ្រោះ
ተሽከርካሪ ወንበር
រទេះរុញ
ስብራት
ការបាក់ឆ្អឹង

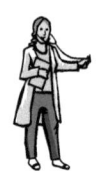

ዶክተር
វេជ្ជបណ្ឌិត

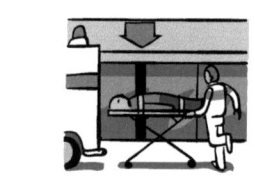

ድንገተኛ ክፍል
បន្ទប់សង្គ្រោះបន្ទាន់

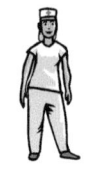

ነርስ
គិលានុបដ្ឋាយិកា

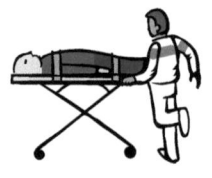

ድንገተኛ
សង្គ្រោះបន្ទាន់

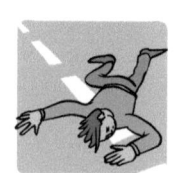

ራስን መሳት/ አለማወቅ
សន្លប់

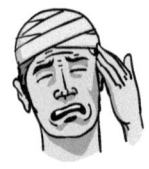

ህመም
ការឈឺចាប់

ጉዳት

ការរងរបួស

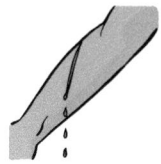

መድማት

ការហូរឈាម

የልብ ድካም

គាំងបេះដូង

ስትሮክ

 ដុំឈាមចាប់សរសៃឈាមក្នុង
ក្បាល

አለርጂ

អាលែកហ្ស៊ី

ሳል

ក្អក

ትኩሳት

ជំងឺគ្រុន

ኢንፍሎዌንዛ

ជំងឺផ្តាសាយ

ተቅማጥ

ជំងឺរាគរូស

የራስ ምታት

ឈឺក្បាល

ካንሰር

ជំងឺមហារីក

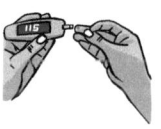

የስኳር በሽታ

ជំងឺទឹកនោមផ្អែម

ቀዶ ጠጋኝ ሐኪም

គ្រូពេទ្យវះកាត់

የቀዶ ጥገና ስለት

កាំបិតវះកាត់

ቀዶ ጥገና

ប្រតិបត្តិការ

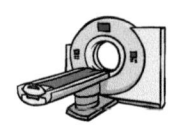

ሲቲ
CT

ኤክስሬዩ
កាំរស្មីអ៊ិច

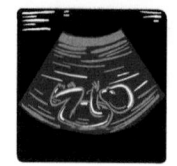

አልትራሳዉንድ
អ៊ុ្រត

የፊት ጭምብል
របាំងមុខ

በሽታ
ជំងឺ

መጠበቂያ ክፍል
វង់ចាំបន្ទប់

ምርኩዝ
ឈើច្រត់

የቁስል ማሰጊያ
ម្នាងសិលា

ፋሻ
បង់រុំ

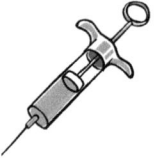

መርፌ
ការចាក់ថ្នាំ

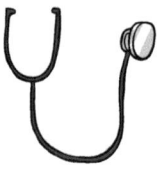

የልብ ምት ማዳመጫ መሳሪያ
ស្ដេតូ

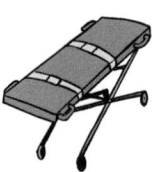

የበሽተኛ አልጋ
សូនដែរបូស

የህክምና ሙቀት መለኪያ መሳሪያ
ទៃម្ទេ្រវេពុយាបាល

መውለድ
កំណើត

ከልክ ያለፈ ክብደት
លេ្សសមមុងន់

ለመስማት የሚረዳ መሳሪያ
ឧបករណ៍ជំនួយការស្ដាប់

ፀረ ተባይ መድሀኒት
សារធាតុសម្លាប់មេរោគ

ማመርቀዝ
ការឆ្លងមេរោគ

ቫይረስ
មេរោគ

ኤች አይቪ ኤድስ
មេរោគអេដស៍ / ជំងឺអេដស៍

ህክምና
ថ្នាំពេទ្យ

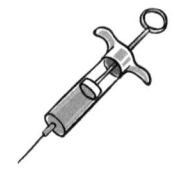

ክትባት
ការចាក់ថ្នាំបង្ការ

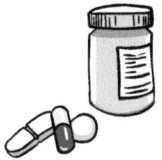

ኪኒን
ថេប្លិត

ኪኒን
ថ្នាំគ្រាប់

አስቸኳይ የስልክ ጥሪ
ការហៅទេលេអាសន្ន

ደም ግፊት መቆጣጠሪያ
ឧបករណ៍ពិនិត្យសម្ពាធ
ឈាម

ህመም/ ጤንነት
ឈឺ / មានសុខភាពល្អ

እርዳታ!

ជំនួយ!

ማንቂያ ደወል

សំឡេងរោទ៍

ጥቃት

ការវាយលុក

ድብደባ

ការវាយប្រហារ

አደጋ

គ្រោះថ្នាក់

የድንገተኛ መውጫ

ចរកចេញគ្រាអាសន្ន

እሳት!

អគ្គីភ័យ!

እሳት ማጥፊያ

បំពង់ពន្លត់អគ្គិភ័យ

አደጋ

គ្រោះថ្នាក់

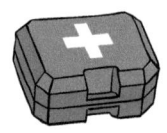

የመጀመሪያ እርዳታ መድሃኒት ማጓጓ

ឧបករណ៍ជំនួយបឋម

ነፍስ አድን

SOS

ፖሊስ

ប៉ូលិស

አዉሮፓ
អ៊ីរុប

ሰሜን አሜሪካ
អាមេរិកខាងជើង

ደቡብ አሜሪካ
អាមេរិកខាងត្បូង

አፍሪካ
អាហ្វ្រិក

እስያ
អាស៊ី

አዉስትራሊያ
អូស្ត្រាលី

አትላንቲክ
អាត្លង់ទិច

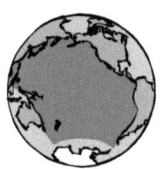

ፓስፊክ
ប៉ាស៊ីហ្វិក

የህንድ ዉቅያኖስ
មហាសមុទ្រឥណ្ឌា

አንታርክቲክ ዉቅያኖስ
មហាសមុទ្រអង់តាកទិច

አርክቲክ ዉቅያኖስ
មហាសមុទ្រអាកទិច

ሰሜን ዋልታ
ប៉ូលខាងជើង

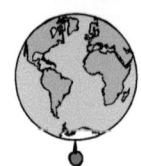

ደቡብ ዋልታ

ប៉ូលខាងត្បូង

አንታርክቲካ

អង់តាក់ទិក

ምድር

ផែនដី

መሬት

ដីគោក

ባህር

សមុទ្រ

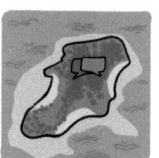

ደሴት

កោះ

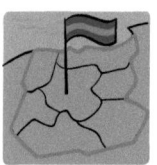

አገርና ሀዝብ

ប្រទេសជាតិ

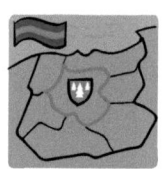

መንግስት

រដ្ឋ

የሰዓት ገዳታ

មុខនាឡិកា

ሰዓት

ទ្រនិចម៉ោង

ደቂቃ

ទ្រនិចនាទី

ሴኮንድ

ទ្រនិចវិនាទី

ስንት ሰዓት ነው?

ម៉ោងប៉ុន្មាន?

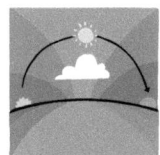

ቀን

ថ្ងៃ

ጊዜ

ពេលវេលា

አሁን

ឥឡូវនេះ

የቁጥር ሰዓት

នាឡិកាឌីជីថល

ደቂቃ

នាទី

ሰዓታት

ម៉ោង

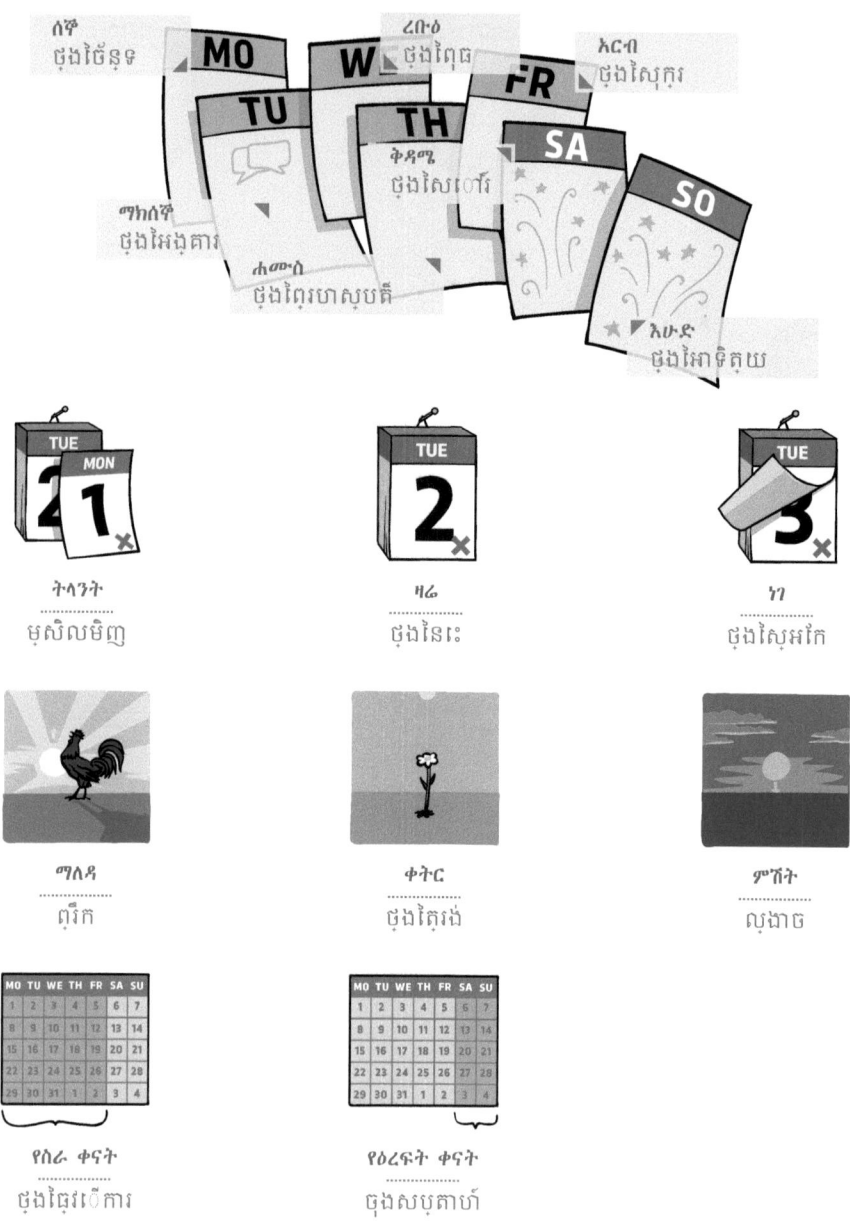

ለኛ
ថ្ងៃច័ន្ទ

MO

W
៤ប់ច
ថ្ងៃពុធ

FR
አርብ
ថ្ងៃសុក្រ

TU

TH
ቅዳሜ
ថ្ងៃសៅរ៍

SA

SO

ማክሰኞ
ថ្ងៃអង្គារ

ሐሙስ
ថ្ងៃព្រហស្បតិ៍

እሁድ
ថ្ងៃអាទិត្យ

ትላንት
មុស៊ិលមិញ

ዛሬ
ថ្ងៃនេះ

ነገ
ថ្ងៃស្អែក

ማለዳ
ព្រឹក

ቀትር
ថ្ងៃត្រង់

ምሽት
ល្ងាច

የስራ ቀናት
ថ្ងៃធ្វើការ

የዕረፍት ቀናት
ចុងសប្តាហ៍

ዓመት
ឆ្នាំ

ዝናብ
ទឹកភ្លៀង
ቀስተ ዳመና
ឥន្ធនូ
ጥጥ የሚመስል አመዳይ
በረዶ
ព្រិល
ፀደይ
និទាឃរដូវ
በጋ
រដូវក្តៅ
መኸር
រដូវស្លឹកឈើជ្រុះ
ክረምት
រដូវរងារ

4.APRIL 11°
5.APRIL 4°
6.APRIL 13°
7.APRIL 8°
8.APRIL 10°

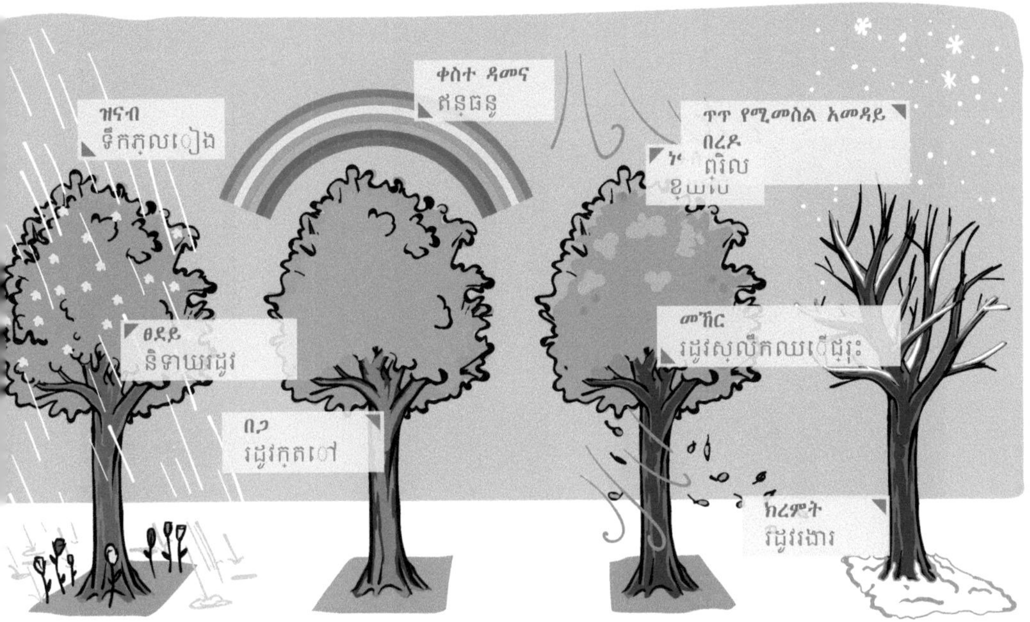

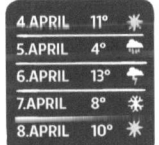

የአየር ሁኔታ ትንበያ
ការព្យាករណ៍អាកាសធាតុ

F
C
120
90
60
30
0
-30
40
30
20
10
0
-10

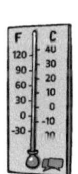

የሙቀት መለኪያ
ទែម៉ូម៉ែត្រ

የፀሀይ ሙቀት
ពន្លឺថ្ងៃ

ደመና
ពពក

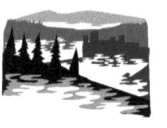

ጭጋግ
អ័ព្ទ

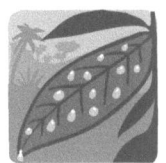

እርጥበታማነት
សំណើម

መብረቅ

ផ្គរ:

ነጎድጓድ

ផ្គរ

አዉሎ ንፋስ

ព្យុះ:

የበረዶ ዝናብ

ព្រិល

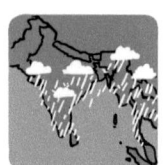

አዉሎ ንፋስ

ខ្យល់មូសុង

ጎርፍ

ទឹកជំនន់

በረዶ

ទឹកកក

ጥር

ខែមករា

የካቲት

ខែកុម្ភៈ:

መጋቢት

ខែមីនា

ሚያዚያ

ខែមេសា

ግንቦት

ខែឧសភា

ሰኔ

ខែមិថុនា

ሐምሌ

ខែកក្កដា

ነሐሴ

ខែសីហា

ዓመት - ឆ្នាំ

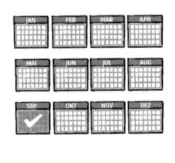

መስከረም
ខែកញ្ញា

ጥቅምት
ខែតុលា

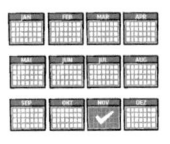

ህዳር
ខែវិច្ឆិកា

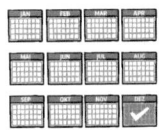

ታህሳስ
ខែធ្នូ

ክብ
រង្វង់

አራት ማዕዘን
ការ៉េ

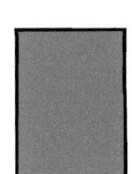

አራት ቀጥተኛ ማዕዘኖች ጎኖች ያሉት ቅርጽ
ចតុកោណកែង

ሶስት ማዕዘን
ត្រីកោណ

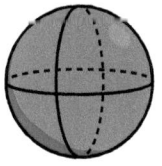

ሉል
ស្វ៊ែរ

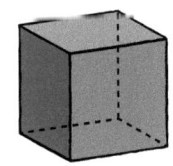

ስድስት ጎን ያለዉ ቅርጽ
គូប

ነጭ

ፀጉረ ስ

ቢጫ

ፀጉሉ ፎጐ ኅ

ብርቱካናማ

ፀጉ ፎ ፎ ክ ኩ ፇ ቼ

ሮዝ

ፀጉ ፎ ፁ ጣ ዉ ቹ

ቀይ

ፀጉ ፎ ኩ ፈ ሀ ም

ወይን ጠጅር

ፀጉ ፎ ፄ ሳ ዳ ይ

ሰማያዊ

ፀጉ ፎ ፅ ፎ ጐ ፊ

አረንጓዴ

ፀጉ ፎ ህ ቶ ኗ

ቡኀ

ፀጉ ፎ ፎ ክ ኩ ፇ ቼ

ግራጫ

ፀጉ ፎ ህ ረ ፀ ፦

ጥቁር

ፀጉ ፎ ፂ ም ፎ ፇ

ብዙ/ ጥቂት

ច្រើន / តិចតួច

ንዴት/ እርጋታ

ខឹង / ត្រជាក់ចិត្ត

ቆንጆ/ አስቀያሚ

ស្រស់ស្អាត / អាក្រក់

ጅማሬ/ ፍጻሜ

ចាប់ផ្តើម / បញ្ចប់

ትልቅ/ ትንሽ

ធំ / តូច

ደማቅ/ ደብዛዛ

ភ្លឺ / ងងឹត

ወንድም/ እህት

បងប្អូនប្រុស / បងប្អូនស្រី

ንፁህ/ ቆሻሻ

ស្អាត / កខ្វក់

የተሟላ/ ያልተሟላ

ពេញលេញ / មិនពេញលេញ

ቀን/ ምሽት

ថ្ងៃ / យប់

የሞተ/ ህያዉ

ស្លាប់ / នៅរស់

ሰፊ/ ጠባብ

ធំទូលាយ / តូចចង្អៀត

የሚበላ/ የማይበላ

អាចបរិភោគបាន /
មិនអាចបរិភោគបាន

ክፉ/ ደግ

ចិត្តអាក្រក់ / ចិត្តល្អ

ደስተኛ/ ድብርተኛ

ការរំភើប / អផ្សុក

ወፍራም/ ቀጭን

ធាត់ / ស្គម

መጀመርያ/ መጨረሻ

ដំបូង / ចុងក្រោយ

ጓደኛ/ ጠላት

មិត្តភក្តិ / សត្រូវ

ሙሉ/ ጎዶሎ

ពេញ / ទទេ

ጠንካራ/ ለስላሳ

រឹង / ទន់

ከባድ/ ቀላል

ធ្ងន់ / ស្រាល

ረዛብ/ ጥግት

ភាពអត់ឃ្លាន /
ការស្រេកឃ្លាន

ህመም/ ጤንነት

ឈឺ / មានសុខភាពល្អ

ህገወጥ/ ህጋዊ

ខុសច្បាប់ / ត្រូវច្បាប់

ጎበዝ/ ደደብ

ឆ្លាតវៃ / ឆ្កួត

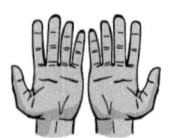

ግራ/ ቀኝ

ឆ្វេង / ស្តាំ

ቅርብ/ ሩቅ

ជិត / ឆ្ងាយ

አዲስ / አሮጌ

ថ្មី / ហានប់រេ៉

ምንም/ የሆነ ነገር

គ្មានអ្វីសោះ / អ្វីមួយ

ሽማግሌ/ ወጣት

ចាស់ / ក្មេង

የበራ/ የጠፋ

បើក / បិទ

ክፍት/ ዝግ

បើក / បិទ

ጠጣታ/ ጫጫታ

ស្ងប់ស្ងាត់ / ថ្ងូលាំង

ሃብታም/ ደሃ

មាន / ក្រ

ትክክለኛ/ የተሳሳተ

ត្រូវ / ខុស

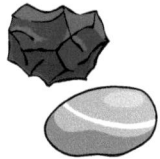

ሻካራ/ ለስላሳ

គ្រេ៉ើម / រលោង

ሐዘን/ ደስታ

ហោកចិត្ត / សប្បាយចិត្ត

አጭር/ ረዥም

ខ្លី / វែង

ዝግተኛ/ ፈጣን

យឺត / លឿន

እርጥብ/ ደረቅ

សើម / ស្ងួត

ሞቃት/ ቀዝቃዛ

ក្តៅ / ត្រជាក់

ጥርነት/ ሰላም

សង្គ្រាម / សន្តិភាព

0	1	2
ዜሮ	አንድ	ሁለት
ស្ូន្យ	មួយ	ពីរ

3	4	5
ሶስት	አራት	አምስት
បី	ប្ួន	ប្រាំ

6	7	8
ስድስት	ሰባት	ስምንት
ប្រាំមួយ	ប្រាំពីរ	ប្រាំបី

9	10	11
ዘጠኝ	አስር	አስራ አንድ
ប្រាំប្ួន	ដប់	ដប់មួយ

12

አስራ ሁለት
ເມບໍ່ດ໌ຣ

13

አስራ ሶስት
ເມບໍ່ດ໌ຽ

14

አስራ አራት
ເມບໍ່ບ຦ຌ

15

አስራ አምስት
ເມບໍ່ບ຦຺

16

አስራ ስድስት
ເມບໍ່ບ຦຺ມ຺ຜ

17

አስራ ሰባት
ເມບໍ່ບ຦຺ຜ຀ຣ

18

አስራ ስስምንት
ເມບໍ່ບ຦຺ຜ຺ຬ

19

አስራ ዘጠኝ
ເມບໍ່ບ຦຺ຜ຦ຌ

20

ሃያ
ມຸກໄ

100

መቶ
ຣເມ

1.000

ሺህ
ຫ຀ໍ

1.000.000

ሚሊዮን
ລານ

እንግሊዝኛ
អង់គ្លេស

የአሜሪካ እንግሊዝኛ
អង់គ្លេសអាមេរិក

የቻይና ማንዳሪን
ចិនកុកងី

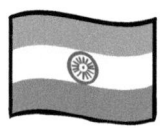

ሂንዱ
ហិណ្ឌូ

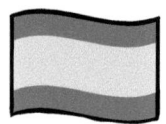

ስፓኒሽ
អេស្ប៉ាញ

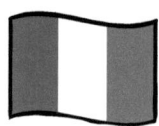

ፍሬንች
ហាំង

አረብኛ
អារ៉ាប់

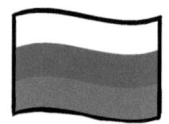

ራሺያኛ
រុស្សី

ፖርቹጊዝ
ព័រទុយហ្គាល់

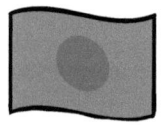

ቤንጋሊ
បង់ក្លាដេស

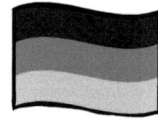

ጀርመን
អាល្លឺម៉ង

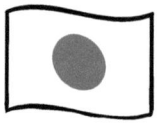

ጃፓንኛ
ជប៉ុន

እኔ
ខ្ញុំ

አንተ
អ្នក

♂ ♀ ○

እሱ/ እርሷ/ እቃዉ
គាត់ / នាង / វា

እኛ
យើង

አንተ
អ្នក

እነርሱ
ពួកគេហេន

ማን?
នរណា?

ምን?
អ្វី?

እንዴት?
របៀបណា?

የት?
កន្លែងណា?

መቼ?
ពេលណា?

HELLO, I AM

ስም
ឈ្មោះ

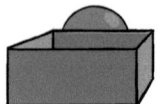

በስተጀርባ
ព័ក្រោយ

ዉስጥ
ក្នុង

ከፊት ለፊት
ព័មុខ

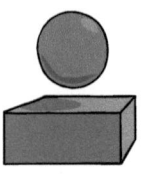

ከላይ
ព័លើ

ላይ
នៅលើ

ከስር
នៅក្រោម

አጠገብ
នៅក្បែរ

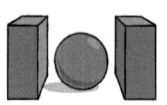

መሃከል
រវាង

ቦታ
កន្លែង